내가 본 지옥과 천국

내가 본 지옥과 천국

신성종 목사

크리스챤서적

머리말

내 나이 칠순을 넘기면서 이제는 구체적으로 죽음을 준비해야겠기에 죽음과 관련된 수많은 책들을 읽고 또 기도하면서 그것을 정리해야 할 필요를 느끼게 되었다. 그렇다고 생각하고 느낀 것을 논문이나 일반 서적처럼 이론적으로 쓸 수도 없어서 생각다 못해 소설 형식으로 이 문제를 접근하기로 했다.

사실 죽음은 누구에게나 찾아오기 때문에 죽음에 대한 관심이 많지만, 그럼에도 불구하고 이 문제를 별로 말하지 않는 게 사실이다. 그 이유는 두 가지 때문이다.

첫째는 죽음을 논하는 것을 터부시하는 우리의 문화와 또 죽음을 논할 때 자기 자신이 불안해지는 심리적 이유 때문이다.

둘째는 죽음을 경험해 본 사람들이 별로 많지 않아서 논하는 것 자체가 어렵기 때문이기도 하다. 있다면 미국에서 출판한 의사들의 기록 정도다. 지금 미국 사람들의 53퍼센트가 지옥의 존재를 믿으며 70퍼센트가 천국의 존재를 믿는다고 한다. 그렇다고 이 문제를 투표로 결정할 수는 없다.

놀라운 것은 18세기 스웨덴의 천재 과학자인 에마누엘 스베덴보리의 천상 여행기는 많은 영향을 주고 있다. 그는 뉴톤과 같은 최고의 과학자 반열에 있었지만 57세에 아주 특별한 체험을 통해 영계를 왕래하며 30년 간을 산 것은 내게 큰 감명을 주었다.

바라기는 이 책을 읽는 모든 분들이 아름다운 삶을 살고 미래를 준비할 수 있기를 기도한다.

필자는 이 문제를 언급하기 위해서 신학적으로는 물론 소위 죽음을 체험한 의사들의 기록도 읽고 연구했다. 특히 조지 H. 갤럽이 만든 〈천국과 지옥〉이란 비디오는 내게 큰 도움이 되었다. 그러나 솔직히 마음에 쏙 드는 기록은 거의 찾아보지 못했다. 그래서 나의 지식과 함께 기도 중에 내가 본 환상과 나의 상상력을 동원해서 이 글을 쓰기로 한 것이다.

죽음을 앞두고 불안한 분들이나 인생을 어떻게 정리해야 할지 몰라 머뭇거리는 분들, 그리고 나름대로 종교를 가진 분들에게 이 책이 작은 도움이라도 될 수 있기를 간절히 바란다. 다시 말하지만 이 책은 결코 성경도 아니고, 논문이나 사실적 기록도 아니다. 그렇다고 전혀 허망한 상상의 이야기만도 아니다. 다만 여기에 등장하는 수많은 이름들만은 허구로서 이해해주면 좋겠다.

그러면 필자가 꿈과 상상의 세계를 통해서 본 지옥과 천국을 함께 여행해 보자.

2009년
신성종 목사

차 례

· 머리말을 대신해서 _ 5

제1장 | 연옥편 _ 9

제2장 | 지옥편 _ 19

제3장 | 천국편 _ 129

종막 _ 187

후록(後錄) _ 189

제1장

연옥 편

어느 비 내리며 천둥이 치는 날, 나 이의심李疑心은 단테의 「신곡神曲」을 읽다가 깊은 잠이 들었다.

나는 단테의 그 풍부한 지식과 상상력에 압도되어 있었기 때문에 꿈 속에서도 나의 잠재의식과 그의 「신곡神曲」의 내용으로 인해 헤매고 있었다.

나는 꿈 속에서 어떤 맹수에게 쫓기고 있었는데 내 등을 휘어잡을 것같이 그의 앞발이 내 등에 닿곤 했다. 나는 맹수에게 잡히지 않으려고 발버둥치고 있었다. 마침 한 곳까지 도망오니 물이 없는 큰 우물이 있었는데 그곳에 굵은 칡넝쿨이 안으로 뻗어 있었다. 나는 '이제야 살았구나' 하고 칡넝굴을 붙들고 맹수를 피해 안으로 들어갔다. 그런데 중간쯤 들어갔을 때 아래를 내려다보니 웬걸, 큰 뱀이 나를 향해 혀를 널름거리며 내가 내려오기를 기다리고 있지 않은가? 위로 올라가자니 맹수가 있고, 아래로 내려가자니 뱀이 기다리고 있어 나는 어떻게 해야 할지 알 수 없었다.

바로 그런 찰라 무언가 내 코에 떨어지는 것이 있었다. 뭔가 찐득찐득한 것이었는데 냄새를 맡아보니 향기가 있었다. 그것을 입에 대어보니, 아! 이것은 토종꿀이 아닌가? 배도 고팠던 참이었기에 나는 그것을 먹기 시작했다. 그러나 그러는 동안, 내가 붙들고 있는 칡넝쿨은 흰 쥐와 검은 쥐 두

마리가 번갈아 나오면서 쏠고 있었다. 나는 너무도 배가 고팠고, 또 맛이 좋아 위에서 일어나는 일을 완전히 잊고 있었다. 그러다가 어느 순간에 칡넝쿨이 끊어졌고, 나는 우물 속에 나가 떨어져 버리고 말았다.

그런데 바로 거기서 나는 단테 선생을 만났다. 나는 너무도 기뻐서 그에게 평소 내가 가지고 있었던 질문부터 했다.

내가 가장 이해할 수 없었던 것은 그의 작품 「신곡」 중에서도 연옥purgatory에 대한 내용이었기 때문이었다.

나는 단테에게 물었다.

"선배님, 연옥은 없는데 어떻게 그곳에 가 본 것처럼 묘사하셨습니까?"

그때 단테는 내게 말했다.

"후배여, 그대는 외경을 경전으로 믿지 않는가?"

나는 대답했다.

"아니요, 저는 오직 신구약 66권 성경만을 하나님의 말씀으로 받아들입니다."

그러자 단테는 내게 말했다.

"사실 나도 연옥에 가 본 것은 아니고 다만 상상해 본 것이네. 그러나 외경인 마카비2서 12장 39-45절을 보면 분명히 연옥에 대한 이야기가 나온다네. 그것을 내 나름대로 상상해 본 것이지. 특별히 45절에 이런 말씀이 나오지. '그가 경건하게 죽은 사람들을 위한 훌륭한 상이 마련되어 있다는 생각을 하고 있었으니 그것이야말로 갸륵하고 경건한 생각이었다. 그가 죽은 자들을 위해서 속죄의 제물을 바친 것은 그 죽은 자들이 죄에서 벗어날 수 있게 하려는 것이었다.' 어디 그뿐인가? 자네가 경전으로 받아들이는 신약성경에도 비슷한 구절이 나온다네.

그 말이 끝나기도 전에 나는 말했다.

"선배님, 아시는 대로 저는 시인이기 이전에 신학자요 신학교 교수였습니다. 더구나 성경을 연구한 성경학자입니다. 그런데 신약에 연옥에 관한 구절이 있다니 정말 뜻밖입니다."

단테는 내게 말했다.

"그러면 자네가 직접 찾아 읽어 보게."

그래서 나는 그가 주는 성경구절을 찾아보았다. 베드로전서 3장 19절이었다.

"그가 또한 영으로 가서 옥에 있는 영들에게 선포하시니라."

그 구절을 읽고 난 후에 나는 교수로 있었을 때처럼 단테에게 논쟁을 시작했다.

"선배님, 원문에 보면 '옥'이란 말이 풀라케Fulake로 되어 있는데 이것은 지옥에 대한 또 다른 표현입니다. 연옥이 절대로 아닙니다. 지금 우리말 번역에는 그냥 '옥'이라고만 되어 있을 뿐입니다."

그러나 단테는 그가 연옥을 직접 본 것은 아니지만 신학적으로는 자기가 옳다는 주장을 굽히지 않았다. 단테는 중세의 리옹 공의회와 피란체 공의회와 종교개혁 시대의 트렌트 공의회의 결정들을 예로 들며 나를 설득시키려고 했다. 그러나 개혁주의 신학을 공부한 나는 조금도 굴하지 않았다. 단테는 내게 연옥의 존재는 물론 연옥에 있는 영혼들이 땅에 사는 신자들의 기도와 구제, 면죄부 매입, 금식, 제사와 그 외의 선한 신앙 행위들을 통해 도움을 받아야 한다고 주장했다.

내가 그의 주장에 굴복하지 않자 그는 아우구스티누스의 말까지 인용했다.

'죽은 후에 정화의 불을 당하지 않도록 현세에서 자신을 정화해 주시기를 당부드렸다'는 구절이다. 나는 비록 아우구스티누스를 가장 존경하는 신학자의 한 사람으로 여기고 있었지만 이 구절만은 받아들일 수가 없었다. 나는 단테와 더 이상 논쟁할 의도가 없었다. 단테나 나나 둘 다 조금도 굽힐 것 같지 않았기 때문에 대화가 되지 않았다. 언쟁만 했기 때문에 그만두기로 했다.

그때 단테는 갑자기 생각이 났는지 1960년대에 있었던 제2바티칸 회의의 결정을 증거로 들었다. '모든 영혼들은 다 천국으로 가나 다만 어떤 사람들은 잠시 연옥으로 간다'는 말이었다. 나는 그냥 웃고만 있었다. 왜냐하면 가톨릭의 교리 자체를 내가 받아들이지 않기 때문이었다.

그러나 비록 단테의 연옥설이 틀리기는 했지만 그의 주장이 나의 관심을 끌기에는 충분했다. 그래서 나는 다시 물었다.

"선배님, 도대체 지금 말씀하시는 연옥purgatory은 어떤 곳입니까?"

그러자 단테는 내가 자기에게 설득이라도 당했다고 믿었는지 내게 설명을 하기 시작했다.

"연옥이란 큰 죄를 모르고 무지로 인해 작은 죄들을 지은 영혼들이 머무는 곳으로 죄를 정화한 후에 천국에 들어가기 위해서 기다리는 곳이라네. 따라서 연옥에서의 고통은 일시적인 것이고, 그곳에서의 고통은 모든 사람들에게 동일한 것이 아니라 각자의 죄에 상응하는 곳이라네."

중요한 것은 현세를 살아가는 신자들의 기도와 선행에 의해 연옥에서의 고통이 단축될 수도 있다는 것이었다. 나는 단테의 설명을 들으며 나도 모르게 고개를 끄덕였다. 종교학적으로나 심리학적으로는 그럴듯하다고 생각되었기 때문이다. 개신교의 교리보다 심리학적으로 사람들이 더 좋아하도록 들렸기 때문이었다. 단테는 내가 완전히 연옥설을 받아들인 줄로 생각했는지 나에게 교리문답 958번까지 가르쳐 주었다.

"그들이 지은 죄로부터 자유로워질 수 있도록 죽은 이를 위해 기도하는 것은 성스럽고 유익한 생각이다."

그는 연옥 없이 천국과 지옥만 있다면 천국은 이미 용서함을 받았으니 용서가 필요 없는 곳이고, 지옥은 영원히 못 나오는 곳이니 용서를 받을 수 없는 곳이므로 하나님의 공의에 어긋난다고 주장했다. 나는 피곤해서 더 토론하고 싶지 않았다. 단테나 나 이의심 중 어느 누구도 주장을 굽힐 것 같지 않아서 나는 그와 하직 인사를 나누었다.

그때 나를 막 흔들어 깨우는 사람이 있었다. 아내였다.

"여보, 무슨 꿈을 꾸었어? 싸우는 소리를 하잖아. 얼마나 놀랐는지 몰라."

나는 혼자 씩 웃으며 '응 그런 게 있어' 하고 즉각적인 대답을 피했다.

내가 아내에게 나의 꿈을 말해 보았자 '그건 개꿈이야' 하고 핀잔만 줄 것을 알았기 때문이었다.

며칠 후 나는 다시 단테의 「신곡神曲」의 나머지 부분을 읽다가 또 잠이 들었다. 그가 쓴 천국과 지옥이 내가 꿈 속에서 본 것과 너무도 달라 나는 내가 읽고 듣고 본 것을 기록하기로 하고 펜을 들었다. 왜냐하면 단테가 쓴 지옥과 천국은 마치 고전을 읽는 것처럼 지루하고 전혀 현실로 느껴지지 않았기 때문이었다. 그것이 바로 내가 이 책을 쓰게 된 동기다.

제2장

지옥 편

사람들은 지옥의 고통이 얼마나 심각하고 고통스러운지를 모르고 있다. 그래서 현실과 영합하여 죄짓는 것을 보통으로 생각한다. 다만 현실의 체제와 법을 피하려고만 한다. 그래서 아무리 지옥의 실재함을 설명해도 "소귀에 경 읽기"처럼 관심을 갖지 않는다. 나는 설교를 하면서 지옥에 대해 성도들에게 여러 번 경고했는데 설교하는 나 자신도 확신이 부족했지만 듣는 사람들은 더욱 그랬다. 사람들은 지옥에 대해 말하기만 하면 졸았다. 그래서 나는 의사들이 수집한 죽음을 체험한 사람들의 글을 글렌대일Glendale: LA 근교 도서관에 가서 있는 대로 많이 빌려보았다. 특히 모리스 S. 로우링스 박사의 기록은 큰 관심을 갖게 해주었다. 그 책은 미국에서는 죽음을 체험한 사람들이 약 천만 명이 넘는다면서 그들과 인터뷰한 내용을 소개한 것이었다. 그러나 그것도 내게 큰 확신을 주지는 못했다.

그래서 나는 명상을 많이 했다. 기도원에 가서 금식 기도까지 했다.

"하나님, 제게 천국과 지옥을 보여주세요. 환상으로라도 좋으니 보여주세요. 사람들에게 감동을 줄 수 있도록 보여주세요. 성경만으로는 감동이 안 됩니다. 성경 말씀으로 지옥을 증거하면 동화를 들은 것처럼 그냥 못 들은 체하고 지나갑니다."

이렇게 나는 여러 날 동안 기도하다가 깊은 잠이 들었다. 그때 비몽사몽간에 어떤 음성이 내게 들려왔다. 나는 그 음성이 성령의 음성인지, 아니면 천사의 음성인지, 아니면 상상에 의한 꿈 속에서의 잠재의식 가운데 들린 나 자신의 소리인지 구별할 수가 없었다. 그러나 그 내용은 분명했다.

"내가 너를 지옥으로 직접 인도할 수는 없지만 너를 인도할 사람을 소개하겠네."

나는 너무도 감사해서 머리를 숙이며 물었다.

"그가 누구입니까? 제가 아는 사람입니까?"

그때 햇빛같이 환하게만 보이는 그분이 빙그레 웃으면서 말씀했다.

"그는 강양욱 목사라네. 목사의 이름으로 가장 많은 기독교인들을 죽인 그가 지금은 지옥의 마지막 층인 지하 하층3층 북관에 있다네."

나는 기쁘기도 하고, 또 한편으로는 목사로서 지옥에 간 사람이 있다는 말에 동정심과 슬픔으로 인해 눈물이 나왔다. 그도 한때는 복음을 전하고 목회를 했을 텐데, 심지어 회개의 기도도 했을 텐데 어떻게 지옥에까지 와 있을까 싶어서 말이다.

사실 나는 개인적으론 강양욱 목사를 전혀 모른다. 다만 신문이나 잡지를 통해서 간접적으로 전해 들은 것뿐이다. 있다면 그에게서 세례를 받은 어떤 사람을 만난 적이 있었다. 그때 그의 기억으로는 강 목사가 좀 무뚝뚝하기는 했지만 교인들을 퍽 사랑했다고 전했다. 그러자 나는 갑자기 두려운 마음이 생겼다.

'아! 나도 강양욱 목사처럼 지옥에 떨어지면 어떻게 하나? 목회한다고 세상에서 갖은 고생을 했는데 천국에도 가지 못한다면 나는 이 세상에서 가장 불쌍한 사람이 아닌가? 너무 억울하지 않은가?'

그렇다면 이미 지난 일은 어쩔 수 없지만 은퇴한 지금부터라도 남은 여생 열심히 믿음 속에서 주의 일을 하리라고 굳게 결심했다.

사실 내게 강양욱 목사의 이야기를 자세히 전해 준 사람은 김복남이란 탈북자 신학생이다. 그때 나는 모 신학대학의 교수직을 그만두고 대전에 있는 모 교회에서 목회를 하고 있었다. 그는 자기가 김일성의 아들이며 김정일 바로 밑 동생으로서 러시아에서 출생했다가 남한으로 귀순했다고 주장했다. 아닌 게 아니라 그의 얼굴은 김일성을 빼닮았다. 그가 김일성의 사생아인지, 아니면 그렇게 착각을 하는 정신질환자인지, 아니면 얼굴의 모습을 핑계로 사기를 치는 자인지는 모르겠지만 최소한 무슨 관계가 있어 보였다.

나는 그를 여러 해 동안 돌보아주며 또 미안한 얘기지만 다른 한편으로는 그에 대한 뒷조사를 했다. 나는 그가 사기꾼이거나 아니면 스키조(정신분열증)로 인해 스스로 김일성 아들이라고 착각했으리라고 보았기 때문에 확인하고 싶었던 것이다. 그러나 그가 어떤 사람이든 그를 도와주고 싶었다. 그는 내 추천으로 여러 곳에서 신앙 간증도 했고, 신학교에서 공부까지 마쳤다. 이것이 20년 전의 일이다. 당시 그의 증언에 의하면 북한에는 핵무기가 여러 개 있다고 했다. 그래서 나는 청와대에 가서 북한에 핵무기도 있고 또 김일성 아들이 귀순해 있다고 보고까지 했지만, 당시 대통령인 YS는 말도 안 되는 소리라고 핀잔만 주었다. 그 사람은 필시 스키조의 정신질환자라는 것이었다. 그래서 나는 그와의 관계를 완전히 끊기로 했다.

그러나 지금 생각해 보면 그의 말 가운데 핵에 관한 이야기는 사실로 드러나고 있지 않은가? 그런 사람의 이야기를 나는 직접 들은 것이다. 그에 의하면 강양욱 목사는 많은 목사들과 기독교인들을 살려 주었고, 자기에게도 세례를 주었다는 것이다.

지옥의 문

단테와의 이야기가 끝나 갈 무렵 강양욱 목사가 지옥의 고통으로 인해 괴로움을 견디지 못하는 모습으로 내게 나타났다. 나는 그를 본 적도 없고 만난 적도 없었으나 금방 알아 볼 수 있었다. 기이하게도 지옥에서 만난 그는 평양 사투리가 아닌 표준어로 말을 했다.

"제가 안내하겠소."

그는 나의 대답도 기다리지도 않고 앞서 가면서 나를 안내하기 시작했다. 마치 자기가 잘 아는 길로 가는 것처럼 안내했다. 그는 자기가 지옥의 모든 층을 다 보지는 못했으나 이번에 나로 인해 보게 되었다고 언짢은 소리로 투덜거리며 말했다. 그의 말을 들으며 나는 '아! 감사를 모르는 곳이 바로 지옥의 본질이구나' 하고 생각했다. 그의 얼굴을 보니 웃어 본 적이 전혀 없는 우거지상이었고, 위암 말기 환자처럼 거무죽죽하고 바짝 말라 있었다. 그의 목소리는 살아 있는 사람의 목소리가 전혀 아니었다. 분명히 그것은 로봇이 내는 목소리처럼 들렸다.

'온 세상에! 저럴 수가 있나? 지옥에 있는 사람들은 다 저렇게 사람의 냄새도 안 나나!'

나는 혼자서 중얼거렸다.

내가 지옥 문에 들어가기 직전에 갑자기 아름다운 음악이 들려왔다. 음악에 문외한인 나는 잘 분간할 수는 없지만 쇼팽의 음악같이 얼마나 아름다운지 깜짝 놀랐다.

"아니, 세상에, 지옥에 이런 아름다운 음악이 있다니!"

그러자 강양욱 목사가 내게 이렇게 설명해 주었다.

"그 음악은 지옥에 들어가는 자들에게 마지막으로 들려주시는 하나님의 은혜라네."

나는 그때 정말 놀랐다. 버림받은 지옥의 사람들에게도 하나님께서 사랑을 주시다니……. 마치 평양에서 미국의 로린 마젤이 지휘한 뉴욕 필하모닉 오케스트라의 음악소리처럼 충격적으로 들려왔다.

지옥을 바라보니 전체가 불 덩어리처럼 활활 타고 있었고, 마치 쓰레기 더미처럼 연기가 나고 냄새가 지독한 시궁창 같은 곳이었다. 비슷한 곳으로는 옛날 난지도가 흙으로 덮여지기 전의 모습처럼 보였다.

먼저 그는 지옥문에 걸려 있는 표지판을 가리키며 설명해 주었다.

'이리로 들어오는 자는 다 저주를 받은 자여라. 모든 소망을 버려라. 죽을 수도 없는 곳이다. 다만 너희가 할 수 있는 것은 이 어두움 속에서 이를 갈며 슬피 우는 것뿐이다. 이렇게 할 걸, 저렇게 할 걸 하면서 후회하고 모든 기회를 잃은 것을 원망하는 일이다. 기회란 준비된 자와 용감한 자만이 가질 수 있다. 그러나 여기 있는 자들은 모든 기회를 잃은 자들이며 버림받은 자들이다. 이곳에 들어온 자는 다시 나갈 수도 없고, 제2의 기회도 없다.'

여기서 나는 그가 한 모든 설명을 다 기억할 수는 없지만, 그 내용은 너무도 무서운 것이었다.

가슴이 오싹하게 떨려 왔다. 나는 정신을 차려야겠다고 몸부림치며 강양욱 목사를 바라보면서 말을 이었다. 묻고 싶은 것이 너무도 많았다.

나는 먼저 성경에 기록된 지옥에 대한 세 단어에 대해서 물어보기로 했다. 나의 안내자가 목사였기 때문에 대답할 수 있다고 생각했다.

"헬라어로 된 신약성경에 보면 지옥Gehenna, 음부Hades 혹은 Sheol, 탈투스Tartus란 말이 나오는데 그 차이점이 무엇입니까? 차이가 없다면 같은 곳을 단지 다른 말로 표현한 것입니까?"

강양욱 목사는 내가 헬라어 성경을 가지고 질문하자 약간 당황한 것처럼 보였다. 그 자신이 헬라어에 문외한이었기 때문이었다. 그러나 그는 자신이 들은 대로 내게 대답했다. 음부란 말은 죽은 자들이 무의식 상태로 머무는 장소로서 부활을 기다리는 장소이고, 탈투스는 범죄한 천사들이 고통당하며 심판을 받는 곳으로 지옥과 동의어라고 했다. 끝으로 지옥은 구약에서는 '힌놈의 아들의 골짜기'(수 15:8)라고 묘사된 곳으로 예루살렘 서남쪽에 있는 쓰레기 버리는 장소인데, 예수님께서 그곳을 알기 쉽게 하려고 형벌의 장소로 은유적으로 표현하셨다고 답변했다. 나는 그의 박식함에 놀랐다.

나는 칼라일 버나드 박사가 쓴 『지옥은 없다』란 책을 읽은 적이 있는데 나 자신이 지옥을 직접 보고 난 후에는 그의 이론이 얼마나 오만하고 합리주의적 추리인지를 느끼지 않을 수 없었다. 그래서 나는 지옥에 대해 좀 더 많은 것을 보고 싶고 알고 싶었다. 사실 지옥을 반대하는 이유 가운데는 하나님의 보편적 사랑에 근거한 합리주의적 논증이 가장 많다. 특히 신학자들 사이에 많이 있다. 그러나 그것은 하나님의 사랑의 본질을 바로 깨닫지 못한 인본주의적 결론일 뿐이다. 사실 지옥과 천국이 없다면 하나님의 공의는 죽은 이론일 뿐이기 때문이다.

그래서 나는 강 목사에게 지옥에서의 생활에 대해 물어보았다. 좀 더 자세히 알았다가 지옥을 부인하는 다른 사람들에게 지옥이 어떤 곳인지 구체적인 사실을 전하고 싶었기 때문이었다.

지옥에는 몇 가지 특징이 있다고 그는 대답했다.

첫째로 지옥에는 물이 없다고 한다. 마치 광야와 사막 가운데 있는 것처럼 견딜 수 없이 갈증을 느끼게 된단다. 그 말을 들으면서 나는 세상에서 쾌락을 누렸던 자들에 대한 하나님의 심판의 방법에 대해 다시 한 번 놀라지 않을 수 없었다. 영적 갈증을 육체적 쾌락으로 대신했던 자들에게 참 갈증이 무엇인지를 지옥에서 깨닫게 해주기 때문이다.

둘째는 강이나 호수가 없을 뿐 아니라 나무나 풀까지도 볼 수 없다고 한다. 마치 지금 새로 생기는 사막처럼 나무의 그루터기만 남아 있다는 것이다.

이처럼 물은 없으나 유독물질이 차고도 넘친다고 한다. 원자력 발전소에서 새어나온 독극물과 산업 폐기물에서 나온

마실 수 없는 물이 지옥에는 가득 넘쳐나고 있다는 것이다.

셋째로 지옥의 사람들은 손을 굽힐 수 없어 무엇이 있어도 전혀 먹을 수 없다고 한다. 욕심이 많은 그들이 자기 배를 채우려고 아무리 몸부림쳐도 헛수고였다. 그래서 사람들마다 뼈만 앙상하게 말라 있다고 한다.

그 말을 들으면서 내가 한마디 했다.

"아니, 서로 먹여 주면 되잖아요?"

"그런 사람들이라면 지옥에 오지도 않지요."

하고 강양욱 목사는 표정도 없이 대답했다.

넷째로 지옥에서는 각자가 자기 나라 말로 이야기하는데 같은 민족이라도 언어가 통하지 않는 장벽이 가장 그들을 괴롭힌다. 바벨탑 사건 때 언어가 혼잡해진 것이 지옥에서는 계속되고 있다는 것이다.

오순절 때의 언어의 통일이 이곳에서는 일어나지 않았다. 심지어 같은 말을 사용하는 사람들 간에도 통하지 않는다는 것이다. 오라고 하면 가고, 가라고 하면 오는 것이 가장 고통스럽고, 그 갑갑함은 죽고 싶을 정도라고 한다. 벙어리만큼도 알아듣지 못한다고 한다. 차라리 손짓이라도 하면 좋을 텐데 자꾸 말은 하고 싶고, 그러나 통하지 않아 그 고통이 심하단다.

나는 이 지옥의 입구에 와서야 비로소 지옥의 위치를 알게 되었다. 전에는 막연히 땅 속에 있는 옥, 그래서 지옥으로 생각했는데, 이렇게 와서 보니 세상 밖에 있다는 점에 놀랐다. 그것을 구조적으로 말하면 우리가 사는 세상이 중심에 있고, 이 세상 밖에는 공중의 권세 잡은 사탄이 지배하는 악령들의 세계가 그 주변에 있고, 그 바깥쪽 위에는 천국이, 아래는 지옥의 구조로 되어 있었다.

　그리고 그 지옥은 지하 3층의 건물처럼 생겼는데 먼저 들어가는 곳이 바로 지하 3층이었다. 세상에서는 지하층에 가려면 먼저 일층에서 이층, 다음은 삼층, 이렇게 차례로 내려가는데 지옥은 전혀 달랐다. 먼저 지하 3층의 아래로 떨어지듯 내려가고, 다음에 한 층씩 끙끙거리며 위로 올라가도록 되어 있었다. 그 층계는 그냥 발로는 도저히 올라갈 수 없는 그런 험하고 가파른 곳이었다. 게다가 불까지 활활 타오르고 있었다. 아하! 그래서 고통이 적은 위층으로 올라가기가 어렵구나. 나는 나도 모르게 웅얼거렸다.

　강양욱 목사는 계속 설명을 했다. 지옥은 상층上層, 중층中層, 하층下層의 3층으로 나누어지는데 각층마다 방이 동서남북東西南北의 4개로 나누어져 심판을 받고 있단다. 각 방들은 원추형으로 되어 있는데 아래층으로 내려갈수록 방이 점점

작아진단다. 제1층이 지옥에서는 가장 넓고 편한 곳이고, 점점 아래로 내려갈수록 장소가 좁아지고 고통이 더 심해진단다. 나는 각층의 특징에 대해 관심이 갔다.

"강 목사님, 각층의 특징이 무엇입니까?"

강 목사는 자기는 가장 밑바닥 층인 3층下層에 있기 때문에 각층을 다 보지는 못했지만 지옥에 갇힌 사탄을 통해 들은 바가 있다고 했다. 그래서 나는 사탄이 거하는 곳이 바로 지옥의 3층의 중심부에 있는 끝이 없는 무저갱이란 것을 알았다.

지하 3층의 중심부인 사탄이 있는 곳은 다른 사람들과 구별된 특별한 심판의 장소란다. 마치 끝이 없는 우물과 같은 무저갱인데 전신이 쇠사슬로 묶여 있고, 문 앞엔 하나님의 인으로 봉해져 있기 때문에 나올 수도 들어갈 수도 없는 그런 곳이란다.

강양욱 목사는 지옥의 각층의 특징을 간단히 이렇게 소개했다.

1층下層의 동관東館은 남을 미워하고 시기하고 질투하며 살았던 보통 사람들이 있고,

서관西館은 소위 도道를 닦았다는 여러 다른 종교를 가진

성직자들이 형벌을 받는 곳이고,

남관南館은 가난하고 배우지 못했으나 세상에서는 착하게 산 사람들이 머무는 곳이고,

북관北館은 선한 사람들이지만 믿지 않은 사람들이 머무는 곳이다.

지하 2층中層의 동관에는 불의한 통치자들을 도우며 뇌물을 받고 지위를 누렸던 자들이 있고,

서관에는 부모에게 효도하지 않고 가족들을 돌보지 않은 자들이 모여 있고,

남관에는 음행하고 마약을 즐기던 자들이 있고,

북관에는 거짓말하는 자와 사기꾼들이 있는 곳이란다.

가장 고통이 심한 곳이 마지막 지하 3층下層인데 동관에는 세상에서 그리스도를 배신한 자들과 이단자들과 기독교인들을 핍박하며 죽인 자들이 모여 있고,

서관에는 종교를 이용해서 많은 사람들을 착취하고, 그것을 빙자해서 존경을 받으며 위선적으로 살았던 교황과 신부와 목사와 스님들이 있고,

남관에는 자살자들과 살인자들이 있단다.

그리고 북관에는 세상에서 독재를 하며 수많은 생명을 빼앗은 자들과 유괴범들이 있단다.

강양욱 목사는 이 밖에도 지옥에는 열두 개의 깊은 구덩이가 있다고 했다. 그 구덩이의 이름은 다음과 같다.

첫째가 거짓말의 구덩이,
둘째는 미움의 구덩이,
셋째는 시기와 질투의 구덩이,
넷째는 불평과 원망의 구덩이,
다섯째는 무관심의 구덩이,
여섯째는 두려움의 구덩이,
일곱째는 분쟁의 구덩이,
여덟째는 노여움의 구덩이,
아홉째는 절망의 구덩이,
열째는 탐욕의 구덩이,
열한 번째는 음란의 구덩이,
마지막 열두 번째는 배신의 구덩이란다.

나는 이 구덩이의 내용을 알고 싶어 물었다.
"그러면 12구덩이는 지옥의 12관과는 전혀 다른 곳인가요?"
그러자 강양욱 목사는 고개를 저으며 말했다.
"아닙니다. 지옥은 아파트처럼 전체가 하나이지만 서로

분리되어 있고, 또 그 사이사이에는 여기저기 12구덩이가 있는데 그곳은 인간이 세상에서 지은 열두 가지의 죄를 심판하는 일시적 장소지요."

 # 지옥의 지하 3층 동관

내가 강양욱 목사의 안내를 받아 지옥의 제일 밑바닥 3층 下層의 동관에 곤두박질하듯이 떨어져 내려오자 떨어지는 소리와 함께 또 다른 큰 소리가 들렸다. 그 소리는 지진이 날 때 나는 소리 또는 벼락 치는 소리와도 같았는데 소름끼치는 끔찍한 소리였다. 마치 천둥이 치며 번개가 번쩍번쩍 하는 것처럼 보였다. 불이 얼마나 뜨거운지 세상의 온도계로는 도저히 잴 수도 없는 엄청난 곳이었는데, 그럼에도 구더기 하나 죽지 않는, 우리의 이성으로는 상상조차 할 수 없는 이상한 곳이었다. 마치 화산이 터져 용암이 솟아오르는 듯한 그런 곳이었다. 그런데도 밝지 않고 어두컴컴한 것이 이상했다.

멀리서 사람의 소리가 들려왔다.

"그대는 어찌하여 기쁨의 근원인 천국을 버리고 이 끔찍한 지옥에 왔는가? 우리는 기회를 잃은 자들이어서 어쩔 수 없지만, 그대는 지금이라도 기회가 있을 때 빨리 이곳을 탈출하여 그대가 있을 곳으로 돌아가라."

말하는 자들을 보니 나보다 앞서 온 선배 장로들의 간곡한 음성이었다. 그 장로들은 세상에서 목사들을 괴롭히며 자신의 왕국을 세우려고 했던 자들이었다.

옷은 명품인데 불에 타다 만 것처럼 보였다. 입에는 피가 묻어 있었고, 가슴은 훤히 보였다. 그들은 세상에서 장로란 직분으로 목회자들과 교인들을 괴롭히고 교회의 헌금을 빼돌리면서도 선교하며 구제한다고 광고를 하던 자들이었다.

나는 너무도 두려워서 눈을 감았다. 아아! 나도 이곳에 오면 어떻게 하나 하는 두려움이 앞섰다.

이 지옥의 3층下層에는 문이 있는데 그 문은 어느 누구도 열 수 없는 3미터가 넘는 철창으로 되어 있었다. 그런데 불이 얼마나 뜨겁게 타고 있는지 그 부근에도 갈 수 없는 그런 곳이었다.

거기에는 이런 구절이 기록되어 있었다.

나를 통해 고통의 도시가 시작되고,
나를 거쳐 영원한 심판을 당할 그대에게

영원한 저주가 있으리라.

후회해도 소용없고,

어느 누구에게서도 도움을 받을 수 없는 곳이다.

이제 그대들에게는 절망의 심판이 기다리고 있을 뿐이다.

그 안을 보니 거기에는 타락한 천사인 사탄의 졸개였던 귀신들을 따로 가둔 옥 중의 옥이 있고, 그 주변에는 예수님을 30세겔에 판 배신자 가롯 유다와 카이사르를 암살한 부르투스도 보였다. 나는 사탄과 함께 하나님을 배신한 천사들인 귀신들이 적지 않게 있음을 보고 놀랐다. 사탄과 귀신들은 하나님이 창조한 천사들로서 하나님의 시중을 들었으나 자신들이 권력을 잡으려고 천사장이었던 사탄의 지시를 받고 하나님을 배신한 영적 존재들이다. 이들은 같은 층일지라도 끝없는 깊은 굴 속에 따로 갇혀 있었다.

그곳은 태양이 침묵한 곳이어서 그런지 겨우 앞을 분간할 수 있는 정도였다. 마치 안개가 자욱한 날처럼 암울한 분위기였다.

그 입구에는 이런 글이 기록되어 있었다.

차라리 태어나지 않았더라면 좋을 뻔한 자들이여. 한 번 주어진 기회를 배신과 불신으로 보낸 자들에게는 이런 영원한 저주가 임할 것이라. 그대들의 목마름과 고통은 영원할 것이며 아무도 그대들을 돕지도 위로해 주지도 않을 것이다. 이제 그대들에게 남은 것은 영원한 탄식과 슬픔뿐이며, 이를 갈며 자신을 세상에 태어나게 해 준 부모들을 저주하는 일뿐이다.

지옥의 구석구석에는 굶주린 이리 떼와 독사들과 표범들과 사자들과 호랑이 같은 맹수들이 아무도 나가지 못하도록 으르렁거리고 있었다. 가만히 있을 때는 훈련된 개처럼 순한 것 같다가 누구든지 한 사람이라도 움직이려고 하면 짖어댔다. 내가 가장 놀란 것은 교황들이 적지 않게 그곳에 와 있다는 점이다. 가장 눈에 띄는 사람은 루터 당시 면죄부를 팔았던 자였다. 그는 루터의 간곡한 비판에도 눈 하나 깜짝하지 않고 베드로 성전의 건축비를 마련하기 위해 면죄부라는 것을 만들어 팔았다. 그 옆에는 세상에서 성직을 매매한 목사들의 모습이 보였다. 장로직과 권사직과 안수집사직을 돈을 받고 거래하며 성직을 매매한 목사들이 즐비하게 묶여 있었다. 그들과 함께 성직을 사서 덜렁거리던 자들도 함께 있었다. 결국 성직을 판 자들이나 산 자들이 다같이 갇혀 있었던 것이다.

그 뒤편에는 한국에서 천당 표를 만들어 10만원 씩에 팔다가 사기죄로 경찰에 고발되어 끌려갔다가 재판 과정에서 죽은 자의 모습도 보였다. 또 자칭 '재림 예수'라고 하면서 성도들에게서 많은 돈과 성을 상납 받은 사교집단의 지도자들도 있었다.

나는 강양욱 목사에게 이들의 죄가 구체적으로 무엇이냐고 물었다. 그는 이렇게 대답했다.

"첫째는 하나님의 영광을 도적질하여 자기의 것으로 가로챈 것이고, 둘째는 사기를 쳐서 많은 영혼을 지옥으로 인도한 것이고, 셋째는 사회의 질서를 혼란케 하여 많은 사람들로 하여금 길을 잃게 한 것이고, 넷째는 기독교를 타락시켜 교회를 분열시키는 일을 한 것입니다."

내가 보니 지옥의 하층지하 3층에 있는 자들의 특징은 이마와 오른손에 사탄의 숫자인 666이란 글자가 선명하게 각인되어 있었다는 점이다. 본래 6이란 숫자는 완전 숫자인 7에서 하나가 모자란 숫자로서, 6이 세 개 겹쳐진 666은 바로 사탄의 삼위일체(붉은 용과 거짓 선지자들과 사탄)를 뜻하는 말이다. 그들의 용모는 암 말기 환자처럼 뼈만 앙상했다. 내가 지옥의 여기저기를 살피고 있는 동안 내가 알고 있는 몇몇 총회장 출신의 목사들도 보였다. 그들은 하나님께 바쳐진 교회의 재정으로 총회장이 되기 위해 부정 투표를 하도록 뇌물로 사용했고, 또 자기 교인들의 영혼은 전혀 돌보지 않고 자신의 영광과 유익만을 챙기던 자들이었다.

나는 이런 모습을 보면서 소리질렀다.

"그렇다. 기독교가 다시 살기 위해서는 지금이야말로 제2의 종교개혁을 해야 한다. 기독교가 너무 세속화되었고 타락했어. 그러니 안티 기독교 운동이 일어나고 있지."

그러자 저쪽 산골짜기로부터 메아리가 들려왔다.

"그렇다, 그렇다. 너의 말이 옳도다. 지금이야말로 자다가 깰 때가 되었느니라."

그러나 그 다음 순간 나도 기회가 없었을 뿐, 이들과 무엇이 다른가 하는 생각이 들어 강양욱 목사에게 물었다.

"그 유명했던 목회자들의 일부가 이곳에 와 있는데 좀 너무한 것 아닙니까?"

그러자 그는 이렇게 대답했다.

"글쎄요, 이들 목사들도 하나님의 축복을 받으라고 하면서 가지각색의 헌금만을 강조했으니 이름만 달랐지, 최근 광주에서 돈으로 죄 값을 탕감해야 한다면서 조상천도 식비니 뭐니 하며 돈으로 복을 주고 후천개벽을 준비하라고 한 종교 사기꾼들과 크게 다를 바가 없지요."

강양욱 목사는 말을 계속했다. 자기가 알기로는 이들에게는 네 가지 큰 죄가 더 있다고 했다.

첫째는 하나님의 영광을 위한답시고 자신의 영광을 나타내려고 했고, 하나님은 다만 그 이름을 이용했을 뿐이라는 것이다.

둘째는 많은 사례금을 받았을 때 그것은 혼자서 쓰라고 준 것이 아닌데 자신과 그 가족만이 호화롭게 살았으며, 자녀들은 해외에 보내 공부시킨다고 하면서 많은 돈을 쓰면서 구제나 선교는 등한시한 것이란다. 게다가 최근 목회자의 소득세가 문제시되고 있는데 몇몇 교회를 제외하고는 거의 다 세금 내는 것을 거절한 것도 큰 문제라고 지적했다. 그는 세금은 바로 시민의 의무요 애국심의 발로인데 가장 앞장서야 할 목회자들이 근로자가 아니라는 명분만을 앞세워 소득세와 같은 것을 거절하는 것은 정신적 지도자로서 큰 잘못이라고 하면서 미국의 예를 들어 목회자가 세금 내는 것은 당연하다고 했다. 과연 오늘의 목회자가 세리들과 무엇이 다르냐는 것이다.

셋째로 제자훈련이란 주님의 제자들을 양육하는 것인데 참된 주님의 제자들은 양육하지 않고, 오직 자신의 제자들을 양육하여 자기와 교회에만 헌신하게 한 것은 본질적으로 잘못이란다.

끝으로 그는 많은 천국 일꾼을 키워 사회를 정화시키고 사회에 도움을 주는 일꾼을 만들어야 하는데 기복신앙만 길러 이기적인 사람들로 만든 것이 목회자들의 또 다른 잘못이라고 지적했다.

이런 대화 속에서 내가 강양욱 목사의 인도로 뜨거운 불길 속을 한참 가다 보니 마치 송장 썩는 것 같은 고약한 냄새가 진동했고, 거기에는 역사적으로 잘 알려진 사람들이 적지 않게 보였다. 불쌍한 생각이 들어 견딜 수가 없었다. 그러나 놀라운 사실은 그들에게 그런 슬픔의 감정이나 후회의 빛이 전혀 보이지 않았다. 마치 남의 일처럼 멍하니 서 있었다.

사실 사람이 동물과 다른 점은 생각할 줄 알기 때문이다. 과거의 잘못을 생각하여 바로잡고, 아름다운 것을 생각하여 예술을 창작하고, 선한 일을 생각하여 미래의 아름다운 꿈을 갖는 것이다. 그렇다면 생각하지 않는 사람은 사람이라고 할 수 없다. "나는 생각한다. 그러므로 나는 존재한다."는 말은 단순히 철학의 인식론적인 말만은 아니다. 인간의 근본이 바로 생각에서 시작되고, 생각에서 발전하고, 생각에서 변하기 때문이 아니겠는가?

그래서 나는 많이 생각했다. 무엇 때문일까? 불쌍한 것을 보면 누구나 마음이 움직이는 것이 인지상정인데 왜 이다지도 서로 감정이 없는 것일까? 여기서 나는 느낌이 없고 감정이 메마른 것 자체가 얼마나 큰 죄인가를 깨달았다. 그런 생각을 하자 정말 인간성이 없어져 가는 오늘의 이 시대가 두려워졌다. 작은 돈 때문에 사람들을 파리 목숨처럼 죽이고, 잘못인 줄 알면서도 거짓을 행하는 것이 두려워졌다. 이는 모두 세상 자체가 지옥으로 변하고 있기 때문이다. 인간성의 소멸은 바로 절망의 결과인 것이다.

그 외에도 지옥의 가장 밑바닥 동관에 있는 자들은 대개가 잘 알려진 자들이었다. 600만 명의 유대인들을 학살한 히틀러와 직간접으로 5,000만여 명을 학살한 스탈린과 6·25 전쟁을 일으켜 수백만의 동족을 죽게 할 뿐 아니라 6·25 직전에 양강도에서 한순옥 목사를 비롯한 수많은 목사들과 장로들과 집사들을 광산에 몰아넣고 다 사살하여 피바다로 만든 김일성과 그의 뒤를 이어 300여만 명의 북한 백성들을 '고난의 대행진'이란 미명하에 굶어 죽게 하고 나머지 사람들은 인육으로 생명을 연장케 한 자의 얼굴도 보였다. 그러나 그의 얼굴은 물결 치는 호수의 물처럼 일렁이어 분명치가 않았다.

나는 좀 이상해서 그는 아직 죽지도 않았는데 왜 지옥에 그 얼굴이 보이냐고 물었다. 그러자 강양욱 목사는 앞으로 지옥에 올 사람의 얼굴도 비치는 것이라고 했다. 그러나 그것은 호수의 물결처럼 희미하게 영상으로만 보인다고 했다. 일종의 경고성인 것이다.

이들을 보자 지금까지 로보트 같았던 강양욱 목사의 얼굴이 처음으로 좀 일그러지는 것을 보았다. 그러나 강양욱 목사는 모든 것을 다 체념하고 자포자기한 듯했다. 놀라운 것은 친인척 간인데도 강양욱과 김일성이 서로 인사도 하지 않는 것이었다. 지옥은 인사를 하면 상대방에게 욕으로 들리고, 욕을 하면 인사로 들리는 언어가 혼잡한 이상한 곳이었기 때문이다. 창세기 비벨탑의 역사가 계속되는 곳이었다.

또 중국에서 서기 845년에 46,000여 개의 교회를 불사르고 성직자만 26만 500여 명을 죽인 무종 황제와 1722년에 천주교 말살정책을 시작한 옹정 황제의 비참한 모습도 보였다. 또 그 옆에는 청나라 때 베이징에서 선교사 241명과 신도 51,000여 명을 죽이고 산둥 성과 직예 성, 산시 성 등지에서 수많은 기독교인들을 학살한 의화단원들도 줄에 매달려 고통을 당하고 있었다. 이들은 마치 황태를 만들기 위해 생태를 줄에 매달은 모습처럼 보였다.

또 근세에 중국에서 종교를 말살한 모택동의 모습도 보였다. 그는 정치적으로는 진시황 이후 최초로 중국을 통일하고 굶주림을 해결한 민족의 영웅이지만 그런 그가 지옥에 있는 것을 보면서 나는 놀라지 않을 수 없었다. 그의 가장 큰 죄는 홍위병을 통해 수많은 목회자들과 성도들을 재판도 없이 공개처형한 것과 중국에서 기독교 말살 정책을 취해 종교 없는 나라로 만든 것이라고 했다.

이 밖에도 전쟁을 일으킨 수많은 사람들이 보였다. 제2차 세계대전을 일으킨 일본의 도조 히데키를 비롯해서 안중근에게 사살된 이토 히로부미와 또 1839년 아편전쟁을 일으켜 수많은 중국인들을 마약 중독자로 죽게 한 영국의 원흉들도 있었다. 도조는 1943년에 일본의 총리가 되어 대동아 공동선언과 함께 세계대전을 일으킨 죄로 제2차 세계대전이 끝난 1948년 극동국제군사 재판에서 교수형을 당한 사람인데 그도 함께 있었다.

아편전쟁은 17세기부터 청나라에서 차를 수입하던 영국이 인도를 식민지화한 후 그곳에서 재배한 아편을 영국 상인들을 통해 청나라에 되팔아 차 값으로 지불한 데서 비롯된 사건이었다. 청나라에서는 아편을 금지하다가 나중에는 몰수하여 태워 버리자 영국이 이것을 빌미로 전쟁을 일으켰다. 그리고 영국이 승리하자 난징조약을 맺어 1997년까지 홍콩을 빼앗았다. 물론 이로 인해 기독교의 선교 사역이 중국에서 본격적으로 시작되기도 했으나, 중국 편에서 보면 이것은 종교적 식민주의였던 것이다. 따라서 중국이 오늘날도 선교사들을 곱게 보지 않는 것은 과거의 역사로 볼 때 당연한 일이다.

여기서 재미있는 사실은 이토 히로부미에 대한 역사적 평가다. 서대문에 가면 과거에 중국의 사신들이 머물렀던 곳에 지금도 독립문이 있다. 독립문이라고 했는데 그렇다면 무엇으로부터의 독립을 기념한 것인가? 당시 독립협회가 기념한 것은 청일전쟁의 결과로 시모노세키 조약의 소약분에서 청국이 조선에 대한 종주권 포기를 공식적으로 천명한 것을 기념한 것이다. 그래서 장소도 중국에 대한 사대의 상징이었던 영은문이 있었던 자리를 택한 것이었다. 그때 독립협회는 "조선이 몇 해를 청의 속국으로 있다가 하나님의 덕으로 독립하였다"고 했는데 사실 그때의 하나님은 바로 일본을 말하는 것이었다. 그때 한국의 독립에 큰 공을 세웠다고 한 이토 히로부미가 안중근 의사에 의해 하얼빈에서 저격당한 것은 참으로 역사적 아이러니다.

또 그 옆에는 나라를 팔아먹은 이완용의 모습도 보였다.

그는 독립협회에 속해 있으면서 서재필과 함께 독립문을 만들기도 했지만, 결국 그의 속셈은 달랐던 것이다. 나라를 일본의 속국으로 만들고 자신의 영달만을 취하려 했던 것이다.

내가 지옥의 지하 3층 동관에서 본 사진 중에는 얼굴을 금방 알아볼 수 있는 사람도 있었다. 그 중에는 턱수염이 길게 난 후세인의 모습도 보였다. 그는 부시 대통령의 의중도 읽지 못한 채 이란을 견제하기 위해 대량 살상무기가 있다는 허풍을 떨다가 미국에게 전쟁의 명분을 주어 마침내 이라크 전쟁을 일으켜 2003년 12월 고향인 티크리트 부근의 지하실에서 검거되어 결국 대량학살을 했다는 죄목으로 사형대의 이슬로 사라진 자다. 그를 심문했던 FBI의 부시 피로에 의하면 후세인은 실제로 대량학살을 위해 모든 준비를 하고 있었던 것으로 나중에 확인되었다.

또 1998년 8월에 케냐와 탄자니아의 미국 대사관을 폭파해 223명을 죽게 했을 뿐 아니라 2001년 9월에는 미국 뉴욕 무역센터인 쌍둥이 빌딩을 비행기로 폭파해 3,000여 명의 무고한 생명을 죽게 한 오사마 빈 라덴의 영상도 보였다. 비록 희미한 영상이지만 그는 너무나 악명 높은 사람이었기에 금방 알아볼 수 있었다. 그는 죽으면 바로 지옥의 지하 3층 하층으로 가게 되리라는 것이다. 또 그와 함께 테러 집단을 통해 수많은 양민들을 죽인 자들의 모습도 보였다. 그들은 순교자란 헛된 욕망에 빠져 지상에서 사람들을 많이 죽게 한 자들이다.

사실 사람이 사람을 죽일 권한은 누구에게도 없다. 있다면 그것은 국가와 사회를 보존하기 위해 하나님으로부터 권한을 위임받은 오직 국가만이 할 수 있는 것이다. 그러나 이것도 실수로 무죄한 자들을 죽이는 경우도 많고 권력자들이 자신의 권력을 유지하기 위해 남용하는 경우도 너무 많기 때문에 최근에는 사형 폐지론의 방향으로 가고 있다.

지옥 3층 동관의 한쪽 구석에는 수많은 이단자들이 묶여 있었다. 여기서 나는 죄 중에 가장 큰 죄가 이단이란 것을 알았다. 이곳에 와서 나는 강양욱 목사가 왜 지옥의 3층 동관에 있는지 그 이유를 알았다. 그것은 그가 이단자였기 때문이다.

이단의 특징은 첫째가 성경을 더하거나 빼는 사람들이요, 둘째는 그리스도의 대속 사역을 부인하거나 가감하는 자들이요, 셋째는 삼위일체 교리를 부인하는 자들이라고 했다.

강양욱 목사가 이단이 된 것은 공산주의를 신봉하여 그것을 이루기 위해서 기독교를 이용했고, 수많은 주의 종들을 죽였기 때문이다. 이곳에 와 보고 나는 공산주의란 단순한 정치 체제가 아니라 일종의 사교 집단이란 것을 알았다. 공산당 선언서를 경전시하고, 김일성과 김정일을 신으로 섬기며, 천국으로는 지상을 신천신지 즉 공산사회를 만드는 데 두고 있기 때문이다. 따라서 공산주의는 이단 종교의 집단인 것이다. 북한에서 그렇게 많은 사람들이 굶주려 죽으면서도 공산주의를 버리지 못하는 것은 공산주의라는 집단 최면술에 걸려 있기 때문이다. 이것은 과거 나치 정권에서도 나타났던 현상이다.

나는 지옥 3층의 동관에 많은 점성술사들이 있는 것도 보았다.

점성술사들은 별들의 운행이 인간사에 영향을 준다고 믿는 자들이다. 이들은 크게 세 부류로 나누어져 있었다.

첫째는 고전적 점성술Traditional Astrology이고,

둘째는 최근에 미국과 한국에서 많이 유행하고 있는 별점 Psychic Astrology이고,

셋째는 부적들을 다루는 오컬트 점성술Occult Astrology이다. 이들은 고대 바벨론에서부터 유래하여 현대에까지 많은 영향을 주고 있다. 특히 점성술사들은 정치가들에게 가장 큰 영향을 주고 있으며, 선거 때는 더욱 극성을 피우고 있다. 한국에서는 매년 입학 시기에 극성을 피운다. 나는 시내

곳곳에 점성술을 가지고 별점을 보는 곳이 늘고 있는 것을 많이 보았다.

그러나 나는 이미 죽은 사람들보다는 앞으로 이곳에 오게 될 사람들이 더 궁금했다. 그들이 죽기 전에 그들에게 복음을 전하여 그들을 구원하고 싶은 간절한 심정을 가지고 있었기 때문이다.

나는 강양욱 목사에게 예수님께 연락하여 궁금한 것을 물어보고 싶다고 했다. 그래서 그에게 주님의 전화번호를 물었더니 직통전화로 JN-316번(요한복음 3장 16절)이라고 대답했다. 나는 그곳에 설치된 전화를 돌리려고 전화기를 찾았다. 놀라운 것은 전화기는 보이시 않았고 믿음을 가지고 마음만 먹으면 전화가 저절로 걸리는 진동 장치로 되어 있었다는 것이다. 즉 지옥에는 핸드폰이란 것은 없고 마인드 폰mind phone만 있었다. 처음 보는 것이라 너무도 신기하고 이상했다.

여기서 나는 왜 지상에서 성도들이 기도하는 것이 응답되는지를 알게 되었다. 즉 기도란 일종의 마인드 폰이기 때문이다. 비록 입으로 표현하지 않아도 마음으로 기도하고 믿으면 그대로 되는 것이다.

내가 주님께 전화할 마음을 먹자 주님께서 내게 전화를

주셨다.

"내 종 이의심아, 무엇이 알고 싶으냐?"

"예, 제가 원하는 것은 저- 저- 저- 있잖아요?"

나는 너무도 놀라 말을 제대로 잇지 못했다.

그러자 주님은 부드러운 음성으로 이렇게 물으셨다.

"너 이의심아! 지금 너는 세 가지를 알고 싶지?"

아니, 내가 아무런 말도 하지 않았는데 어떻게 주님이 내 마음을 아셨을까? 내게는 첫째는 성경에 관한 두 가지의 질문과 다른 하나는 나 자신에 관한 질문이 있었다. 그래서 성격이 급한 나는 대답했다.

"예, 그렇습니다만……."

"그럼 말해 보거라."

먼저 나는 성경에 관한 것을 물었다.

"아담이 선악과를 따먹을 것을 전능하신 하나님이라면 뻔히 알았을 텐데 그럼에도 불구하고 그것을 왜 만드셨습니까?"

그러자 주님은 대답하셨다.

"그것은 아담에게도 똑같이 공평한 기회를 갖게 하기 위해서이니라. 그에게 자유의지를 준 이상 자기의 원하는 것을 결정할 선택권을 주는 것은 당연하지 않니? 그뿐 아니라 그 일을 통해서 아담과 그의 후손들이 옳고 그름을 깨닫게 되고 성숙하게 되었느니라. 어디 그뿐이냐, 인간으로 하여금 오직 하나님만을 의지하게 하는 일종의 한계 설정이기도 하다."

나는 주님의 말씀이 끝나기도 전에 또 입을 열었다.

"하나님께서 정말 사랑이시라면 지옥은 왜 만드셨습니까? 그것은 하나님의 보편적 사랑에도 어긋나지 않습니까? 여북하면 신학계에서까지 지옥은 없다는 보편적 구원설이 나올 정도가 아닙니까?"

그러자 주님은 말씀하셨다.

"아버지 하나님의 사랑은 편파적인 사랑이 아니라 공의로운 것이기 때문이란다. 선한 사람 중에 지옥에 온 사람은 지금까지 아무도 없단다. 또 앞으로도 없을 것이다. 오직 믿지 않고, 악을 행한 자들뿐이란다."

그러나 나는 지고 싶은 마음이 없었다. 그래서 계속 물었다.

"석가모니나 공자 같은 성인들이 어떻게 지옥에 가야 합니까? 그들은 성자들이 아닙니까?"

그러자 주님은 웃으면서 말씀하셨다.

"성자란 말은 사람들이 자기들과 비교하여 만든 말이다. 더욱 중요한 것은 선과 악의 표준이 인간이 아니고 하나님이란 점이다. 하나님의 하시는 모든 것이 선이고, 그의 말씀은 다 진리이니라."

더 이상 물을 것이 없어 나에 관한 질문을 했다.

"왜 저는 평생을 고생하며 목회를 해야 했습니까? 제가 다른 목사들보다 무엇이 부족합니까? 제가 무슨 잘못이 그렇게도 많았습니까?"

그러자 주님은 내게 말씀하셨다.

"내가 너를 믿기 때문이란다. 네가 그 고난을 감당할 수 있다고 믿었기 때문이다. 고난은 죄인만 당하는 것이 아니란다. 죄인이 당하는 고난은 죄의 대가이지만, 세상에서는 때로 의인일지라도 그것을 통해 선과 의를 이루기 위해 당하는 고난도 있단다. 욥의 고난이 바로 그런 고난이고, 내 주님이 당한 고난이나 바울이 당한 고난도 다 이런 고난이란다. 그러니 너의 고난은 천국에서 받게 될 영광의 보증수표이니라."

그러나 나는 감사보다는 화가 불끈 치밀어 올랐다.

"주님, 그러면 제가 기도할 적에 왜 침묵하셨나요? 음성으로 응답한 것은 제 평생 고작 대여섯 번밖에 더 됩니까?"

그러자 주님은 말씀하셨다.

"의심아, 너는 내가 응답하기 전에 먼저 결정한 적이 많지 않았느냐? 네가 먼저 결정하고나서 그 후에 기도하는 것을 내가 어떻게 응답하니?"

나는 입을 열 수가 없었다. 그렇다면 평생 기도다운 기도를 많이 못했다는 말이 아닌가? 나는 좀 화가 났다. 그래서 나는 덤벼들듯이 질문을 했다.

"제가 눈물을 흘리며 기도한 것도 참 기도가 아니었단 말씀입니까? 제가 기도원에서 그처럼 부르짖으며 기도한 것도 기도가 아니었습니까?"

그때 주님은 나를 안타깝다는 듯이 보면서 말씀하셨다.

"나는 네가 기도하기 전에 응답한 경우가 더 많았다. 너의 뜻을 안 나는 네게 필요한 것을 미리 주었느니라. 그러나 너는 이미 응답했는데도 보지 못하고 더 달라고만 떼를 쓰지 않았니? 왜 너는 기도를 얻는 것만이라고 생각하느냐? 하나님과의 모든 대화가 다 기도가 아니냐?"

나는 너무 민망하기도 하고 감사하기도 해서 그냥 '할렐루야'를 연발하며 주님의 사랑에 눈물을 흘렸다. 눈물이 콧잔등을 통해 입 언저리로 떨어질 때 뜨거운 것을 느꼈다. 가슴에 맺혔던 모든 응어리가 풀려 내려가는 것과 같았다.

내가 지옥의 하층인 3층 동관에서 본 가장 인상적인 것은

첫째, 그 심한 불의 고통 속에서도 사람들이 전혀 표정이 없다는 것,

둘째, 사람들이 다 제 나라 말로 이야기하는데도 듣는 사람에게는 남의 나라 말처럼 들려 알아듣지 못한다는 것,

셋째, 그래서 서로 대화를 전혀 할 수 없다는 것,

넷째, 먹을 것은 많으나 손과 발이 굽혀지지 않아 음식을 먹을 수 없다는 것,

다섯째, 남에게 음식을 먹여 줄 수 있는 환경인데도 남을 배려하는 마음이 전혀 없다는 것,

여섯째, 옷을 입은 사람이 거의 없이 대부분 벌거벗고 있다는 것, 입었다고 해도 속이 다 보이는 그런 옷을 입고 있다는 것,

일곱째, 그래서 수치스러운 부분을 다 드러내놓고 있으나 아무도 부끄러움을 느끼지 못한다는 것,

여덟째, 한 사람도 집에서 자지 않고 불 구덩이 속에서 쇠사슬에 묶여 있다는 것이었다.

지옥의 하층 중에는 한가운데 요동치고 있는 밑바닥이 없는 무저갱이란 못이 있었는데 그 불못에 사탄이 갇혀 있다고 했다. 나는 그곳에 가려고 했지만 강양욱 목사가 말렸다.

마치 활화산을 멀리서만 바라보듯이 보기만 하라는 것이었다. 사탄은 입에 거품을 물고 있었으며 머리가 열 개이고 사방에 손이 있었는데 하나같이 다 쇠사슬에 묶여 계속 괴성을 지르며 지옥에서도 항거하며 야단법석이었다.

그러나 이 사탄이 세상에서 사람들을 유혹할 때는 가장 아름답고 거룩한 모습으로 위장을 한다. 그래서 많은 사람들이 유혹을 받는 것이다. 본래 사탄은 천의 얼굴을 가지고 있다. 그래서 그 사람들에게 가까이 갈 수 있는 얼굴로 항상 위장을 하는 것이다.

지옥의 지하 3층 서관

나는 지옥 3층의 서관으로 갔다. 같은 층인데도 너무도 가파르고 험해서 기우뚱거리며 겨우 올라갔다. 나는 암석타기를 해본 경험이 없어서인지 온몸에 상처를 입었다. 서관의 내용은 동관과 별 차이가 없었다. 있다면 주변에서 들리는 소리가 좀 작다는 것이었다. 눈에 띄는 것은 말벌들과 파리들이 주변에 떼를 지어 날고 있고 여기저기 쥐들과 바퀴벌레가 우글거리는 것이었다. 역시 여기저기서 화산이 터지듯이 불이 타오르고 있었으나 아무것도 타거나 없어지지는 않았다. 불은 세상의 불처럼 보였으나 내용은 전혀 달랐다. 아무것도 죽이거나 태우지 않고 그냥 고통만 주는 그런 불이었기 때문이다. 더구나 불이 있어도 결코 환하지 않은 그런 불이었다. 이곳 지옥의 특징은 내려갈 수는 있어도 올라갈 수는 없도록 된 곳이다.

이곳에는 각 종교 지도자들과 부정부패를 저지른 수많은 독재자들이 와 있었다. 거기에는 인도네시아에서 32년 간 독재를 하며 수십만 명의 사람들을 죽이고 언론을 폐쇄시킬 뿐만 아니라 부정부패를 일삼은 두 얼굴을 가진 수하르토 대통령이 보였다. 그 옆에는 필리핀에서 이멜다와 함께 오랫동안 부정부패를 저지른 마르코스 대통령의 얼굴도 보였다. 그뿐 아니라 정치와 결탁하여 대재벌로 살았던 수많은 사람들의 얼굴도 함께 보였다. 나는 그들의 구체적인 죄가 무엇이냐고 물었다. 그러자 강양욱 목사는 이렇게 대답했다.

첫째는 탈세를 하면서 문어발식으로 중소기업을 집어삼켜 수많은 사람들을 괴롭히고 사기 직원들에게는 작은 임금을 주면서 힘들게 한 것이라고 했다. 중요한 것은 높은 신분에 따르는 도덕상의 의무인 노블리스 오블리주 Noblesse Oblige 를 실천하지 않은 것이라고 했다.

받기만 하고 줄 줄 모르는 자들에 대한 심판은 이렇게 무서운 것이었다. 여기서 나는 하나님께서는 준 것만큼 요구하시는 분임을 깨달았다. 그러므로 많이 받은 자는 많이 받은 만큼 많이 돌려 주어야 한다.

그들이 앉아 있는 보좌는 쇠로 된 가시로 만들어져 있었고, 가운데는 큰 못이 뾰족이 튀어나와 도저히 앉을 수가 없었다. 각 종교 지도자들이 세상에서 썼던 모자들은 날카로운 가시로 되어 있었고, 항상 벗지 못하도록 만들어져 있었다. 그래서 얼굴에는 피가 흐르고 있었다. 또 입의 혀들은 낚시 바늘 같은 것에 꿰여 있었다. 나는 강양욱 목사에게 물었다.

"왜 저렇게 혀를 낚시 바늘로 꿰어 매달아놓았습니까?

"그것은 저들이 입술로 지은 죄가 크기 때문이랍니다. 사기와 거짓말, 때로는 협박으로 사람들을 괴롭혔기 때문입니다."

나는 그들의 혀들을 보면서 이솝의 우화에 나오는 이야기를 연상했다. 세상에서 가장 선한 것이 혀이지만 또한 세상에서 가장 악한 것이 혀라는 사실을 상기해 보았다. 사실 독재 정치가들치고 거짓말과 사기를 치지 않은 자가 어디 있었는가? 사람들을 협박하며 정적들을 죽이지 않은 자가 어디 있었는가?

"도대체 저들이 혀로 어떤 죄를 지었습니까?"

나는 모른 체하고 물었다. 그러자 강양욱 목사가 대답했다.

강양욱 목사는 과거 영국에서 섬겼던 오딘Odin, 영어의 수요일이란 단어 Wednesday가 나옴, 토르Thor, 영어의 목요일이란 단어 Thursday가 나옴, 프레야Freya, 영어의 금요일이란 단어 Friday가 나옴의

지도자들이 얼마나 많은 사람들을 입술로 미혹했는가를 예로 들면서 계속해서 이렇게 말했다.

"또 범신론적 종교 지도자들은 모든 것을 신으로 믿고 그렇게 거짓을 진리인 양 가르쳐 하나님의 영광에 정면 도전했기 때문이고, 다른 이들은 칼(刀)의 도를 통해 종교의 이름으로 세상에서 사람들을 많이 죽이도록 가르쳤기 때문이라네. 종교 지도자들이 더 많은 심판을 받는 것은 그들이 더 많은 책임이 있기 때문이지. 그래서 알고 지은 죄가 더 크다는 말일세."

그 말을 듣고 나는 이의를 제기했다.

"솔직히 말해서 교황 우르바노 2세의 호소로 1096년부터 13세기에 이르는 200여 년 동안 여덟 차례 계속된 십자군 운동도 이름만 달랐지 오늘의 알카에다 같은 테러 집단과 마찬가지가 아닙니까? 무엇이 다릅니까? 구실은 성지 회복이라고 했지만, 실제는 동방정교회를 추방하고 교황권을 확대하려는 데 있지 않았습니까? 그들도 하나님의 이름으로 정죄하고, 하나님의 영광을 위한답시고 정복지에서 많은 보물을 탐하고, 이슬람 교도들을 무자비하게 죽이지 않았습니까? 그래서 2001년 교황 요한 바오로 2세가 그리스에 방문했을 때 정식으로 사과까지 하지 않았습니까?"

"그러면 저쪽을 한번 보게. 서관에서도 가장 고통스러운 곳에 있지 않는가?"

내가 그곳을 보니 동관에서처럼 처참한 모습을 하고 있는 사람들이 많이 보였다. 그들이 십자군 운동이란 이름으로 수많은 사람들을 죽이고 오늘날의 종교전쟁의 씨앗을 뿌린 자들이었다.

나는 주님께 항의했다.

"주님, 저들은 그래도 하나님께 예배드리며 기도했고, 매주 미사에 참석했고, 성례를 행치 않았습니까?"

그러자 주님은 사람은 누구나 주어진 기회에 의해 심판을 받는다는 사실을 강조하셨다. 복음을 들은 자들은 주님을 믿을 수 있는 가장 좋은 기회가 주어졌기 때문에 믿지 않을 경우 복음을 듣지 못해 믿음을 갖지 못했던 자들보다 더 무서운 심판을 받는다는 것이다. 무엇보다도 중요한 것은 이들이 하나님이 받을 영광을 도적질하고, 하나님의 자리에 자신들이 앉아 있었다는 점이었다.

특별히 하나님의 이름으로 권세를 누리며 수많은 사람들을 죽인 왕들과 또 종교개혁 무렵에 개혁자인 요한 후스를 죽이고, 마틴 루터를 출교시킨 교황의 얼굴이 보였다. 나는 가톨릭의 구원 문제를 묻고 싶어서 입이 간질간질했다.

"주님, 가톨릭에도 구원이 있습니까?"

그러자 주님은 이상하다는 듯이 내게 되물으셨다.

"너는 네가 속한 교파에 구원이 있다고 보느냐?"

나는 뒤통수를 얻어맞은 것처럼 머리가 띵했다.

"아뇨. 교파에 구원이 있는 것이 아니라 그리스도에게 있지요. 따라서 주님을 믿는 자들만이 구원을 받게 되지요. 교파가 문제가 될 것은 없지요."

그러자 주님은 말씀하셨다.

"그렇다면 가톨릭에 구원이 있느냐고 물은 네 질문 자체가 틀린 것이 아니냐?"

사실 나는 가톨릭의 테레사 수녀를 본받고 싶을 만큼 존경해 왔기 때문에 주님의 뜻이 무엇인지 이해할 수 있었다. 그래서 나는 혼자서 중얼거렸다. 중요한 것은 진심으로 주님을 믿었느냐, 주님이 왕이 되셔서 내 생의 목적이 되고 이 땅에서 그를 찬양하며 영광 돌리는 삶을 살고 있느냐에 있다는 점을 깨닫게 되었다.

내가 본 사람들 가운데는 교권 싸움을 한 적지 않은 유명한 분들도 지옥 하층의 서관에 있는 것을 보고 나는 기절할 뻔했다. 그들은 하나님의 불의한 청지기들로서 하나님의 영광을 도적질하고 그의 이름으로 돈과 명예와 인기를 누렸던 사람들이다.

구약의 말라기에서 십일조를 챙긴 사람들에게 하나님의 물건을 도적질했다고 책망한 것은 단순히 십일조뿐만이 아니라 그의 영광을 비롯한 모든 것에 해당한다는 것임을 깨닫게 된 것이다.

그런데 나를 더욱 놀라게 한 것은 지옥의 하층 서관에 내 영상 같은 것이 흔들리고 있다는 점이었다. 나는 놀라서 소리 질렀다.

"저것은 제 얼굴이 아닙니까?"

그러나 주님은 빙그레 웃으면서 말씀하셨다.

"사실 지옥에 있다고 느껴지는 사진 같은 것은 진짜 사진은 아니네. 이대로 계속 된다면 지옥에 갈 가능성이 있다는 것을 영상으로 비쳐준 일종의 경고라네."

나는 주님에게 또 물었다.

"왜 제 영상이 저기에 보였던 것입니까?"

"그것은 네가 한국의 대표적인 모 교회의 당회장으로 있었을 때 내 영광을 많이 가로챘기 때문이지. 그때 너는 소小통령처럼 굴지 않았니? 교회에서는 설교나 했지 뭘 했나? 원로목사 비위나 맞추려고 했지 하나님의 영광을 얼마나 나타내려고 했나?"

나는 그 자리에 쓰러져 신음하듯 소리를 질렀다.

'아, 그렇다면 내가 그 교회에서 비록 음해를 받아 나오게 되었지만 그것이 하나님의 전권적인 섭리였구나. 그로 인해 내가 연단을 받고 참으로 목회자가 서야 할 자리에 서게 되었구나.'

사실 지금까지만 해도 나는 때때로 그때 일을 후회하기도 하고, 불평하기도 했으나 모든 것이 여기 이 자리에서 해결된 것이다. 따라서 지옥의 사진들은 진짜 얼굴이 아니라 일종의 영상으로 그것이 흔들려 보이는 이유는 아직 일어난 것이 아니기 때문에 그들의 구원의 가능성과 경고성을 동시에 보여주기 위해서였던 것을 알게 되었다.

나는 이런 것을 보면서 이렇게 주님을 찬양했다.

하나님의 원수였던 나를 친구 삼아 주신
주님의 그 큰 사랑을 이제 찬양합니다.
나의 더러운 죄의 모습 있는 그대로
받아 주신 그 넓고 크신 사랑을
무엇으로 다 감사하리이까.
온 땅을 덮고도 남는 바다 같은
그 크신 사랑 무엇으로 다 찬양하리이까.

이제 이 몸 드리오니 죽는 날까지
오직 주님만 찬양하리라.
오직 주님만 찬양하리라.

내가 본 지옥 하층의 동관과 서관은 거의 같은 모습이었으나, 다른 것은 서관에 있는 이들에게는 후회함이란 것이 남아 있다는 점이었다. 그러나 죽은 사람들에게는 그 후회는 이미 늦은 것이다. 아무런 도움이 되지 않기 때문이다. 물론 인간에게는 누구에게나 제2의 기회가 있다. 아담 때는 구원에 관한 제1의 기회가 그에게 있었다. 그러나 선악과를 따 먹음으로 인해 제1의 기회를 상실한 것이다. 따라서 원죄를 가진 오늘의 우리들에게는 제2의 기회가 각자에게 주어져 있다. 그것도 이 땅에 살아 있는 평생이라는 기간에만 기회가 주어지며 죽은 뒤에는 전혀 그런 회개의 기회가 없다는 점이다.

지하 하층 서관에는 점쟁이들과 무당들과 점성술사들과 또 자신을 신격화한 왕들의 모습이 보였다. 점쟁이들과 무당들과 점성술사들은 그들이 사용했던 도구들이 목에 걸려 있었고, 계속해서 북을 치며 꽹과리와 징을 치는 소리가 고막을 울리고 있었다. 작두 위에서 영원히 춤을 추는 자도 있었고, 구슬을 던지며 점치는 흉내를 내는 자도 있었는데 목에는 쇠사슬이 걸려 있었다.

자신을 신격화했던 자들은 자신이 부려먹은 자들의 고린내 나는 발을 계속해서 입으로 빨며 씻어 주고 있었다.

지하 하층의 서관에서 본 모습 중 가장 끔찍한 모습은 자식들을 죽인 부모들과 부모를 죽인 자식들의 모습이었다. 이들은 인륜의 법도를 어긴 인간성 상실자들이었기 때문에 같은 층이라도 고통이 더 심해 보였다. 눈에 구더기가 바글바글 끓었고, 코구멍과 입에는 지렁이가 들어갔다 나왔다 했다. 온몸이 다 쇠사슬로 묶여 있었다. 이것을 보는 내 온몸에 소름이 끼쳤다. 나는 계속해서 '아!' 하는 신음을 토했으나, 강양욱 목사는 별것 아니라는 듯이 무표정하게 서 있었다.

여기서 나는 이렇게 찬양했다.

나 같은 죄인 주님 살리셨으니
그 은혜 무엇으로 보답할까.
이 몸 바쳐 주께 드린다 해도
다 갚을 수 없으니
오늘도 보답할 길 없어

오직 주만 찬양하리니

이 몸 드려 주 높이 찬양하리니

숨질 때 되도록 주만 찬양하겠네.

지옥의 지하 3층 남관

지옥 3층의 남관南館에는 구약의 가인을 비롯한 수많은 살인자들과 스스로 안락사를 한 이스라엘의 초대왕인 사울과 다른 많은 자살자들이 함께 있었다. 또 세상에서 자살을 찬양해서 많은 사람들을 죽게 한 자살 찬양론자들은 물론이고 자살을 도와준 사람들, 컴퓨터에 자살 사이트를 만들어 많은 사람들을 자살하도록 유혹한 자들의 모습도 보였다.

이것을 보면서 나는 왜 자살이 큰 죄인지 묻고 싶어졌다.

"강 목사님, 자살이 왜 죄가 되지요? 여북 힘들면 자살을 했겠습니까? 그들에게도 그럴 수밖에 없는 나름대로의 충분한 이유가 있었을 텐데요."

그러자 강양욱 목사는 그것은 자신이 대답할 것이 아니라고 하면서 천사장을 불렀다. 그러나 천사장은 그곳에 나타나지 않고 다만 음성으로만 대답했다.

"생명生命이란 말은 생生은 명命이란 뜻인데 생명을 마치 개인의 소유물인 것처럼 행동했기 때문이라네."

나는 궁금증이 더 생겨서 계속 물었다.

"그러면 왜 자살자와 살인자가 함께 있습니까? 그들은 엄연히 범주가 다르지 않습니까?"

그러자 그것이 뭐 이상하냐는 듯이 천사장이 대답했다.

"둘 다 생명의 주인이신 하나님께 도전을 했기 때문이라네. 대상만 달랐지 꼭 같은 의도를 가진 사람들이지. 살인자는 다른 사람의 생명을 끊었고, 자살자는 자신의 생명을 끊었으니 무엇이 다른가?"

그러자 나는 안락사를 하도록 방조 내지는 도와준 사람들의 경우를 물었다. 나는 오래 전에 안락사에 대해 비판적인 글을 쓴 적이 있었기 때문에 남달리 높은 관심을 가지고 있었다.

강양욱 목사는 귀찮다는 듯이 턱으로 왼쪽 구석을 가리켜 보였다. 거기에는 안락사를 도와준 의사와 간호사들이 나란히 묶인 채 있었다.

나는 비로소 생명은 오직 주인이신 하나님만이 손을 댈 수 있다는 사실을 다시 한 번 확인했다.

이것을 보면서 나는 찬양했다.

모든 생명 주께 있으니

주 영광 위해 살리라.

나 가진 생명 내 것 아니요

주님의 것이라.

주께서 주셨고

주 섭리하시다가

주께서 거두어 가시니

내 어찌 내 것이라

말하리이까.

  자살자들은 지옥에서 그냥 있는 것이 아니었다. 하루 종일 칼로 자신의 목과 가슴을 계속 찌르면서 스스로 괴롭히고 있었다. 온몸이 피로 적셔져 있는 것을 볼 수 있었다. 살인자들은 죽임을 당한 자와 그 가족들로부터 저주를 받으며 구더기가 많은 호수 속에 빠져 허우적거리고 있었다. 발은 쇠사슬로 묶여 있어 움직이지도 못하고 있었다.

  이곳에 갇혀 있는 자들은 하루 종일 피를 마시며 피로 몸을 문지르고 피 비린내를 맡고 있었다. 여기서 나는 생명의 존엄성을 깊이 깨달았다. 아하! 그래서 십계명 중 사람에 대한 계명에서 살인 문제를 제일 앞부분에서 다루고 있구나.

사실 나는 6·25 전쟁때 열세 살의 어린 나이에 장남으로서 온 가족과 함께 어머님만을 모시고 피난길에 오르면서 너무 힘이 들어 여러 번 자살을 생각한 적이 있었다. 먹을 게 없어서 술 찌꺼기를 얻어다가 목숨을 연명하고, 산에 가서 소나무 잎과 껍질을 벗겨 먹으면서 살았다. 또 개울가에 있는 쑥들을 캐다가 고운 겨 가루를 얻어 개떡을 해먹은 적도 많았다. 그때는 믿지 않았던 때였기에 자살을 죄로 생각하지 않았다. 현실이 힘드니까 거기서 도피하기 위해서 자살을 생각했던 것이다. 그러나 자살 방법도 몰랐고 또 죽음 후에 무엇이 있는지에 대한 두려움 때문에 자살하지 못했다. 그때 내가 자살을 했다면 나도 지옥에 올 뻔했다고 생각하니 가슴이 덜컹 내려앉았다. 아아! 생명이 이토록 존귀한 것인가? 나는 오직 생명의 관리자일 뿐 주인이 아니란 말인가?

그렇다면 생명이란 하나님의 축복이요 은혜일 뿐 아니라 우리의 가장 중요한 의무란 것을 나는 알게 되었다. 최근 들어 건강을 중시하고 강조하는 풍조는 비록 그것이 이기적 목적에서이기는 하지만 옳다고 생각한다.

내가 다음 층으로 올라가려 할 때 강양욱 목사는 내게 꼭 보여줄 곳이 있다고 안내했다. 거기에는 세계적으로 생명을 경시하고 인권을 유린한 사람들이 낚시에 코를 꿰인 채로 매달려 있었다. 정치가들과 가짜 약을 만들어 판 의료 상인들도 있었다. 인체에 해로운 음식을 만든 사람들과 산업 쓰레기를 함부로 버린 악덕 CEO들이 자기가 만든 제품들로 인해 얼굴이 파랗게 변해 있었다.

그 옆을 보니 세제를 함부로 버려 식수를 오염시킨 목욕탕업을 하는 사람들과 물 값을 절약하기 위해 냇물을 사용한 자들이 함께 형벌을 받고 있었다. 그들에게는 돈만 보였고, 사람들의 생명은 보이지 않았던 것이다. 그래서 자기 자식들이 죽어가는 모습을 보면서 고통을 당하고 있었다. 중국에서 고기 값을 절약하기 위해 인육으로 만두를 만들어 판 자도 보였다.

분명한 것은 지옥에서 당하는 모든 고통은 다 자기가 한 것에 비례해서 여러 가지 형벌을 받고 있다는 점이었다. 그럼에도 불구하고 놀라운 것은 한 사람도 회개하거나 후회하지 않고, 다만 비난하며 욕설을 지껄이며 서로 싸우고 있었는데 말들이 통하지 않아 난리였다.

싸우는 내용을 보니 이런 것이었다.

한 사람이 '야, 손 좀 치워.' 하자 다른 한 사람이 '내 발이 어떻다는 거야.' 하고 대답했다. 그러자 처음 사람이 '너 때문에 내가 더위 견딜 수가 없어.' 하고 말하자 다른 한 사람이 '나 때문에 춥다니 남은 뜨거워서 견딜 수가 없다는데.' 하고 말도 되지 않는 싸움을 하고 있었다.

나는 왜 살인자들과 이들을 함께 처벌하는지 이해가 가지 않았다. 그래서 강양욱 목사에게 물었다.

"왜 이들이 함께 있습니까?"

그러자 강양욱 목사는 내게 대답했다.

"직접 살인자나 간접 살인자나 다 같은 범주에 속하지요. 다만 방법이 다를 뿐이니까요."

그의 설명을 듣고 보니 그럴듯했다.

이런 것 저런 것 다 묻다 보니 시간이 너무 지체되었다. 그래서 강양욱 목사는 나를 재촉하여 다음 층으로 인도했다.

 지하 3층 북관

  지하 3층의 북관北館에는 주로 독재자들과 유괴범들이 있었다. 거기에는 독사들과 전갈들이 득실득실했다. 전갈은 입에 집게가 있고, 개울물 가재와 다른 것은 등은 푸른빛을 띤 갈색으로 되어 있고 배는 누렇고 끝에 독침이 있어 그곳에 있는 사람들을 쏘고 있는데 그 때마다 독으로 인해 큰 고통을 주고 있었다.

  내가 아는 얼굴로서는 여러 나라에서 군사독재를 한 독재자들이 보였고, 또 역사적으로 유명한 유괴범들의 얼굴도 보였다. 왜 독재자들을 그렇게 엄하게 심판하시는 것일까? 강양욱 목사의 설명은 간단했다. 그들은 민족애라는 거짓의 허울 속에서 자신의 영달을 누린 자들이기 때문이라고 했다.

  현대에 와서 인권을 존중하는 경향이 많아지고 있는 것이 사실이지만, 또 다른 한편으로는 인권을 말살하는 독재자들이 아프리카와 아시아에 많이 나타나고 있는 것도 부정할 수 없는 사실이다.

독재자들의 성장 과정을 보면 다 부모에게서 사랑을 받지 못한 가운데 자랐고, 가난 속에서 많은 사람들에게 학대를 받았으며 동물 취급을 당한 자들이었다. 그런 그들이 권력을 가졌을 때 잠재된 분노가 폭발하여 칼을 휘두르게 되는 것이다. 결국 가난과 교육 부족에서 생긴 결과다. 사랑도 미움도 다 전염병처럼 번져 가는 것이다. 그러므로 이웃을 사랑하는 사람들은 부모나 그 누구에게서 사랑을 많이 받은 사람이 많은 것이다.

독재자들은 어떻게 보면 나쁜 환경으로 인해 만들어진 희생자들이기도 하다. 그러나 그것은 하나님 앞에서 변명이 되지 않는다. 인간은 다 하나님의 형상대로 지음을 받았기 때문에 모든 사람들과 평화를 누리며 더불어 살아가야 한다.

그런 점에서 서로 경쟁하는 것을 많이 배우며 자란 한국의 어린 자녀들은 참으로 불쌍하다. 엄마의 뱃속에서부터 시작된 경쟁은 학교에서의 경쟁으로 이어지고, 직장과 사회의 경쟁에서 이기려면 주변 사람들을 밟고 나가야 하며, 그래서 남보다 모질어야 이길 수 있는 것이다. 그런 점에서 미국과 같은 나라에서 자라는 아이들은 참으로 행복한 아이들이다. 경쟁보다는 협력하고, 더불어 살아가는 법을 어려서부터 가르친다. 그래서 학교에서의 규칙rule이 엄격하다. 교실에서는 물론이고 기숙사에서의 규칙rule이 한국에서처럼 자유롭지 못하다. 외형적으로 볼 때는 아주 자유분방한 나라 같지만 안에 들어가 보면 규칙rule 안에서 자유로울 뿐이다.

그러므로 지옥에서의 형벌은 하나님의 공의의 완성이며 그의 궁극적인 사랑의 표현인 것이다.

나는 지하 3층의 북관에서 유괴범들도 많이 보았다. 나는 특히 유괴범들에 대해서 관심이 많았다. 그 이유는 여러 해 전 갈현동에서 살 때에 앞집 어린아이가 유괴당하여 결국 죽은 사건이 발생했는데 그때 온 주민들이 두려움에 쌓여 한 달 동안 잠을 이루지 못한 적이 있었기 때문이다. 집집마다 형사들이 조사를 하고 지키고, 그래서 얼마나 두려웠는지 모른다.

그때 아들을 유괴당한 부모들은 거의 반미치광이가 되었고, 끝내 아기 엄마는 슬픔을 이기지 못하여 자살하고 말았다. 그처럼 부모에게는 물론이고 주변 사람들에게도 유괴 사건은 끔찍한 것이다.

더욱이 영화 〈밀양〉에서 아들을 유괴당하고 울부짖는 전도연의 눈물의 연기를 보고 더 많은 자극을 받았다. 또 16년 전, 아홉 살 난 고 이형호군의 유괴 사건을 다룬 박진표 감독의 〈그놈 목소리〉의 실제 목소리가 밤이면 나를 괴롭혔기 때문이다.

나는 영화광이긴 하지만 이런 끔찍한 영화를 보면 여러 날 동안 잠을 이루지 못한다. 나는 액션물을 좋아하기 때문에 본의 아니게 끔찍하고 잔인한 영화를 많이 접하게 된다.

〈랜섬Ransom〉이란 영화에서 볼 수 있듯이 액션물 가운데 가장 끔찍한 것은 유괴범에 대한 영화다. 실제로 유괴 사건이 많이 일어나는 이유는 쉽게 대상을 구할 수 있기 때문이다. 아이들과 부녀자들은 자기들을 방어할 만한 힘이 없기 때문에 희생 제물이 되기 쉽다.

유괴 사건은 해외에서도 많이 일어난다. 1996년에 텍사스에서 7시간 만에 무참히 살해된 소녀 앰버 해거만의 경우는 미국 전체를 떠들썩하게 만들었다. 그 후 앰버 경고 제도가 생겼다. 1996년 조지 부시 대통령이 '유괴와의 전쟁'을 선포한 후에 만든 제도인데 그로 인해 유괴 사건이 많이 줄어들고 있다고 한다. 유괴 사건이 일어나면 비밀리에 수사를 하는 것이 아니라 유괴범의 몽타주와 그 정보를 텔레비전과 라디오 및 도로의 표지판에 바로 보내어 범인을 전국

적으로 수색하도록 한 일종의 어린이 보호법이다. 우리나라와는 전혀 다른 방법을 취하고 있는 것이다. 그래서 앰버란 소녀의 이름을 따서 앰버A Missing Broadcast Emergency Response란 어린이 보호법이 생겼다.

유괴범 중에도 살인까지 한 자들은 살인자의 범주에 들어 있었고, 비록 살인은 하지 않았더라도 어린아이들과 또 힘없는 부녀자들을 유괴해서 성폭행을 한 자들은 3층 동관에 갇혀 있었다.

이처럼 유괴 사건은 죄 중에서도 가장 악질적인 죄다. 인간성을 말살한 죄이기 때문이다.

지하 3층 북관에서 보니 어린이 유괴범은 하루 종일 로마 시대의 채찍처럼 생긴 회초리를 맞으며 자기가 유괴했던 어린아이가 싸는 오줌과 똥을 먹고 있었고 젊은 여자들을 성폭행했던 자들은 하루 종일 여자가 배설한 똥과 오줌을 먹는 심판을 받고 있었다.

최근엔 유괴범에 대한 법적 단속이 심해졌지만 유괴범들의 범죄 수법도 점점 더 교활해지고 있다. 최근에는 중국에서 한국과 미국에까지 전화를 걸어 돈을 뜯어내는 사기범들도 부쩍 많아졌다.

미국에 있는 모 권사님 댁에 어느 날 전화가 왔는데 단기 선교사로 아프리카로 간 딸이 반정부군에게 유괴당해 고통 당하고 있으니 3만 불만 보내면 바로 풀어 주겠다고 해서 먼저 돈부터 지불했다고 한다. 당시 딸은 전화를 할 수 없는 오지에 있어 확인할 길이 없었고 나중에 사기란 것을 알았을 때는 돈은 이미 사기꾼들의 수중에 들어가고 난 뒤였다고 한다. 참으로 놀라운 것은 딸에 대한 정보, 예를 들면 옷이나 용모나 사정을 얼마나 세밀하게 알고 있는지 또 가정의 재정 사정까지 훤하게 알고 있다는 점이었다. 이는 인터넷을 통해 정보에 쉽게 노출되기에 가능한 것이다.

또 얼마 전에는 전화가 왔는데 대법원이라고 하면서 집에 있는 내 아내를 찾았다. 아내의 비자카드가 홍콩의 마약단에 의해 이용되어 한국 법원에서 외환법 위반으로 아내가 고발되었다는 것이었다. 빨리 처리해야 한다고 잠시 후에 경찰서에서 연락이 올 것이라고 했다. 아닌 게 아니라 그의 말대로 3분 후에 경찰서라고 하면서 전화가 왔다. 우리는 미국에 자녀들이 있기 때문에 가끔 자녀들에게 돈을 조금씩 부치는 경우가 있다. 그래서 혹 그것이 문제가 된 것이 아닌가 하고 아내는 걱정이 되었던 모양인지 어떻게 하면 해결할 수 있느냐고 물었다. 자칭 경찰이란 사람은 전화로 우리가 사용하는 농협 통장의 계좌번호를 물었다. 우리는 한 번도 농협 통장을 사용한 적이 없었기 때문에 순간 아내는 위층에 있는 통장 서랍을 보아야 알 수 있다고 핑계를 댔다. 그러면서 잠시 후에 알려 주겠으니 전화번호를 알려 달라고 했다. 그는 대담하게도 주저하지 않고 자신의 번호를 알려 주었다. 아내는 곧바로 경찰서에 그런 사람이 있는지를 확인했다. 경찰서에서는 그런 사람은 없다고 하면서 소환할 때는 문서를 사용하지, 절대로 전화로 통장 계좌번호를 운운하는 일은 없다고 하면서 사기꾼이니 조심하라고까지 일러주었다.

이처럼 자녀들을 둔 부모의 연약한 마음을 이용해서 돈을 뜯어내는 새로운 사기 수법도 많아졌다. 경찰서에 문의해 보니 전화가 대부분 중국에서 오기 때문에 어떻게 잡을 수가 없다고 했다. 우리말에 능통한 조선족을 이용한 이 사건을 국가적으로도 어떻게 할 수가 없다는 것이다. 심지어는 한국 사람들이 중국에 가서 회사를 차려놓고 그런 짓을 하는 경우도 많다고 한다.

나는 가장 지긋지긋한 지옥 3층을 지나 좀 낫다는 2층으로 올라갈 수 있었다. 개인적으로는 도저히 올라갈 수 없는 곳이었지만 천사들의 특별 배려로 가능했다.

 지옥의 지하 2층 동관

지옥의 2층에 올라가 보니 어두컴컴한 것 같았으나 주변에서 들려오는 소리나 환경은 달랐다. 먼저 강양욱 목사는 첫 번째 장소로 갔다.

이곳 2층中層 동관은 독재자들과 권력자들에게 빌붙어서 부와 쾌락을 누린 자들이 있는 곳이었다. 이들은 진드기처럼 붙어서 먹었던 족속들이다. 그래서 그런지 그들의 몸에는 진드기와 거머리가 가득 붙어 있었고, 이와 벼룩과 빈대들이 그들을 뜯어먹고 있었다. 특히 입에는 진드기와 거머리들이 가득 차 있었다. 또 항문과 생식기에도 진드기와 거머리들이 버글버글했다.

가장 놀라운 것은 그리스의 신화에 나오는 머리는 사자, 몸통은 염소, 꼬리는 뱀같이 생긴 괴물 키메라(Chimera)가 물을 뿜으면서 꼬리로 저들을 치고 있는 것이다.

멀리에는 자유당 때 국회부의장이었던 이기붕의 모습도 보였다. 나는 그가 그의 가족들과 함께 교회에 등록되어 있었고, 자주 교회에 출석했기 때문에 적어도 구원은 받았을 것이라고 생각했는데 지옥의 중층 동관에 그의 가족들과 함께 있었다.

그러면 왜 권력이 무서운 죄가 될 수 있는가? 그것은 권력이란 국가를 지키고 사회에 안녕과 질서를 가져오며 복지 사회를 만드는 수단일 뿐인데, 그만 그 권력 자체를 지키려다가 결국 권력 신봉주의자가 되고 권력의 메커니즘mechanism에 빠지기 때문이다.

독재자들과 이들에게 붙어 살았던 자들이 거하는 지하 2층중층 동관의 특징은 진드기와 거머리와 함께 구린내가 많이 나고, 뇌물로 받은 것들이 썩는 냄새가 많이 나는 곳이었다. 그 중에서도 사과 궤짝에서 돈이 썩는 냄새가 진동했다. 이들에게는 음식은 먹지 못한 채 하루 종일 입으로 돈을 세야 하는 심판이 주어졌다.

독재자들 중에는 아르헨티나의 가리발디, 페론, 일본의 도요토미 히데요시, 간파쿠 등 헤아릴 수 없이 많은 사람들이 있었다. 그들은 세상에서는 권력과 영화를 누렸지만 지옥에서의 형벌은 비참했다. 세상에 살 때 이들이 저지른 죄

목이 하나하나 기록되어 있는데 가장 많은 죄가 스타들과의 간통과 반대자들에 대한 무자비한 암살과 학력 위조와 권모술수와 사기와 잔인함과 위선이었다.

최근 한국에서도 학력 위조로 인해 많은 사람들이 매스컴에 오르내리고 있지만 이곳에 와 보니 학력 위조뿐만 아니라 경력 위조는 물론이고 가문 위조까지 가지각색이었다.

또 다른 한쪽을 보니 악덕업주들이 줄을 서 있었다. 이들은 사업을 하면서 불법 자금을 조성해 정치 자금으로 쓰고 그 대가로 특혜를 받았으며, 하청업자들에게는 4개월에서 심지어 6개월짜리 어음을 주어 고통을 준 자들이라고 했다. 이들은 비자금을 조성할 때 세금을 포탈한 것은 물론이고 그것을 뇌물로 바쳐 정부로부터 특혜를 입은 자들이다.

이들 뒤에는 불법 체류자들에게 일을 시키고 그들의 약점을 이용해서 월급을 적게 주거나 아예 떼어먹은 자들이 있었다. 거기에는 낯이 익은 몇몇 장로들도 있었다. 그들은 내게 직장 예배를 인도해 달라고 청한 후 축복 기도를 해 달라고 요청한 사람들인데 소득을 속여 세금을 탈루하고 가짜 명품 상표와 짝퉁을 만들어 이익을 취한 악덕업주들이었다.

또 다른 한쪽 구석을 보니 내가 미국에서 목회할 때 장로란 이름으로 교인들에게서 돈을 빌려 쓰고 갚지 않은 채, 떼어먹고 도망간 장로가 고개를 들지 못하고 있는 모습도 보였다. 나는 '그래도 양심은 있구나.' 하고 생각했는데 자세히 보니 목에 무거운 돌이 매달려 있어 마치 부끄러움을 느끼고 있는 것처럼 보인 것뿐이었다.

이들은 살아 있었을 때 가족과 가까운 사람들에게는 아주 선한 것처럼 보이기 위해 많은 선물 공세를 했고, 집에서는 자상한 남편과 아버지 노릇을 한 위선의 대표적인 인물들이었다. 사실 그들이 이렇게 된 데는 그들의 아내들에게도 책임이 없지 않다. 그들의 아내들은 남편이 밖에서 무슨 짓을 하든 집에서만 잘해 주면 좋아했기 때문이다. 돈만 많이 갖다 주면 그것으로 백화점에 가서 명품이나 사고, 낮에는 유명한 식당에 가서 친구들과 희희낙락했던 사람들이다.

막 나오려고 하는데 어디서 퍽퍽 사람 치는 소리와 아파서 울부짖는 소리가 들렸다. 서로 싸우나 하고 그쪽을 보니 조폭들이 과거 자신들의 보스boss를 치면서 "다 너 때문이야, 다 너 때문이야. 우리의 형벌이 다 너 때문이야."라고 절규하고 있었고, 두목은 손과 발이 묶여서 부하들에게 둘러싸인 채 어쩌지 못하고 있었다.

좀 더 자세히 보니 자유당 시절 이기붕의 사주에 의해 조폭 노릇을 했던 잘 알려진 사람들, 특히 불교계의 권력 싸움에 돈을 받고 이용되어 몽둥이를 가지고 스님들을 욕 먹였던 자들도 있었다. 그들 주변에는 마약과 술병이 널려 있었고, 그들이 사용했던 칼과 권총과 쇠 파이프와 몽둥이와 야구 방망이가 있었다.

칼 소리 같은 소리가 나서 보니 일본의 야쿠자들과 러시아의 전직 정보부KGB 출신의 갱들과 라스베이거스를 무대로 활동했던 조폭들이 자신들이 사용했던 무기와 도구에 의해 계속 고통을 당하고 있었다.

나는 더 이상 그곳에 있고 싶지 않아 빨리 다른 곳으로 가자고 재촉했다.

6　지옥의 지하 2층 서관

　지옥의 2층 서관에는 부모에게 불효하고 가족들을 돌보지 않은 인륜을 범한 자들이 있었다. 이들은 인간에 관한 계명 중 첫 번째 계명을 어긴 자들이다. 나는 그것을 보면서 부르르 떨었다.

　그들 중에는 치매가 든 부모를 버스 정류장에 버린 현대판 고려장을 한 사람들도 보이고, 치매로 인해 고통을 당하는 부모를 사람들이 많은 시장에 모시고 가서 버린 사람들도 있었다. 또 가족들은 전혀 돌보지 않고, 첩과 함께 쾌락을 누렸던 자들의 모습도 있었다.

　또 혼외정사를 한 후 낳은 아이들을 수건으로 질식시켜 죽이거나 길거리에 내어 버린 양심 없는 자들도 섞여 있었다. 가장 놀라운 것은 많은 패륜아들이 이곳에 갇혀 있었는데, 눈에 띄는 곳에 젊은 계모인 파이드라와 전처 소생의 아들 히폴뤼토스의 부적절한 욕정으로 인해 희생되어 이곳에 갇혀 있었다. 이들은 중국에서 많이 사용했던 삼지창으로 가슴에 찔림을 당하는 형벌을 받고 있었다.

나는 가정에서 범한 죄가 이처럼 무섭고 또 다양하다는 사실을 이곳에 와 보기 전에는 알지 못했다.

불효의 방법도 가지각색이었다. 병이 들었는데도 병원에 한 번도 데리고 가지 않고 그냥 내팽개쳐 버린 경우, 자기들은 호의호식하면서 부모에게 생활비를 전혀 주지 않았던 자녀들, 추운 겨울에 연탄 한 장 사 주지 않고, 기름 보일러에 석유가 완전히 말라 버려 떨다가 부모를 얼어서 죽게 만든 경우도 있었다. 또 반대의 경우도 있었다. 한여름에 에어컨이나 선풍기, 심지어 부채 하나 없이 문을 잠궈버리고 지내게 하다가 부모를 호흡 질식사하게 한 경우도 있었다. 결국 이곳에 온 자들은 부모에게 전혀 무관심하고 잔인한 자들이었다. 자신의 생명의 근원인 부모에 대해 태만한 것은 보통 문제가 아니다. 나는 이곳에서 얼마 전 행당동에서 65세 된 노인이 죽은 지 일 년이 넘도록 이웃까지도 전혀 몰랐던 사건을 떠올리며 가장 작은 교회인 가정이 얼마나 중요한지를 다시 한 번 느끼게 되었다.

지하 2층의 서관에서 내가 본 사람들 가운데 하나는 아내가 외판원을 하며 힘들게 돈을 벌면서도 남편 출세하라고 유학을 보냈더니 거기서 바람이 나 아내와 이혼하고 살다가 에이즈로 죽은 뻔뻔한 사람도 있었다.

나는 강양욱 목사에게 에이즈AIDS에 대해서 아느냐고 물었다. 왜냐하면 그가 살았던 때에는 성병 중에 에이즈에 걸린 경우가 거의 알려져 있지 않았기 때문이다. 그는 임질 매독만 안다고 답변했다. 세상에는 모든 것이 거꾸로 발전해 간다는 것을 느꼈다. 폭력도 심해지고, 성병도 심해지고, 사기도 심해지고, 인간의 잔인함도 심해지고 있기 때문이다.

놀라운 것은 지옥의 중층 서관에는 자녀들을 학대하며 잔인한 행위를 한 부모들도 함께 있었다. 자녀들을 학대하여 온몸에 멍 자국을 만들고, 심지어 딸을 성폭행한 계부들도 함께 고통을 당하고 있었다.

또 부모의 유산 때문에 형제자매들끼리 재판하며 싸우다가 죽은 자들도 이곳 중층의 서관에 모여 있었다.

서관에 모인 자들은 가정을 해체시킨 자들로서 대부분이 술로 인해서 문제가 시작된 것을 볼 수 있었다.

이런 광경을 보면서 강양욱 목사는 자신의 경험을 내게 일러주었다.

"이놈의 술이 문제지요. 술을 계속 하면 결국 술의 노예가 되어 지옥까지 오는 것이 아닙니까?"

강양욱 목사의 말은 결국 술이 지옥에 오는 티켓과도 같다는 것이었다.

7 지옥의 지하 2층 남관

지옥의 2층 남관南館에는 음행한 자들과 마약과 술 중독증 환자들이 모여 있었다. 이들은 파리 콩코드 광장에 있는 조각과 피카소가 그린 그림에서 볼 수 있는 소머리에 인간의 몸을 한 괴물 미노타우로스에게 형벌을 받고 있었다.

솔직히 보수 교단에서 자란 나는 젊은 시절에 음행 문제로 많은 고민을 했다. 왜냐하면 예쁜 여자들을 보면 잠자리를 함께하고 싶은 욕망이 가끔 일어났기 때문이다. 그런데 성경은 무엇이라고 말하는가?

> 또 간음하지 말라 하였다는 것을 너희가 들었으나 나는 너희에게 이르노니 음욕을 품고 여자를 보는 자마다 마음에 이미 간음하였느니라(마 5:27-28).

그렇다면 건강한 남녀치고 이런 성적 충동을 한 번이라도 안 느껴 본 사람이 있겠는가? 몽정이 바로 그 증거가 아닌가? 그러나 중요한 것은 그런 연약한 나를 지금까지 하나님께서 인도하셔서 한 가정을 잘 이끌어 오게 하셨다는 것이다.

그런데 이상한 것은 지하 2층 남관에선 다윗의 모습이 보이지 않는다는 점이었다. 이상해서 나는 강양욱 목사에게 물었다.

"다윗이 밧세바와 음행을 저질렀는데 왜 여기 없습니까?"

그러자 강양욱 목사는 나에게 동의한다는 표시로 고개를 끄떡이며 이렇게 말했다.

"글쎄 말이요. 다윗은 나단의 지적을 받고 밤새 회개했기 때문에 용서를 받았대요."

그러면서 불평조로 말을 계속했다.

"회개했다고 다 용서해 주는 그런 불공평한 처사가 어디 있습니까? 음행한 결과는 마찬가지 아닙니까?"

퍽 못마땅하다는 듯이 남의 일처럼 말했다. 그러나 나는 다윗이 살아 있는 동안 수많은 환난을 당한 것을 자세히 안다. 따라서 하나님의 용서는 무조건적으로 이 땅에서의 심판까지 없애 주는 것은 아니다. 그래서 다윗은 밧세바와의 사이에서 태어난 아기의 죽음과 신하들의 배반, 모욕 그리고 심지어 사랑하는 아들인 압살롬에게서의 배신 등 헤아릴 수 없이 많은 고통을 당했던 것이 아닌가.

마약으로 죽은 자들을 보니 아편과 코카인, 환각제LSD와 환각을 유발하는 향정신성 물질, 암페라민 등 수많은 종류의 마약에 취한 상태로 있었는데 기시감(dejavu) 현상으로 인해 온몸을 벌벌 떨고 있었다. 하루 종일 음식은 전혀 먹지 못한 채 마약만 먹고 있었는데 손과 발은 가시로 된 쇠사슬에 묶여 있었다. 아아! 이들의 비참함을 어떻게 다 표현하리. 하나님이 만드신 것 중에 약용으로 쓰라고 주신 모르핀을 함부로 사용해서 마약 중독자의 수가 늘어나는 것은 참으로 안타까운 일이다.

나는 마약에 대해서도 무지하지만 술 중독에 대해서도 전혀 아는 바가 없어서 강양욱은 코가 비틀어질 정도로 술을 마셨다는 말을 들은 바가 있기에 술 중독이 어떤 과정을 거쳐 생기느냐고 모른 체하고 물었다.

강양욱 목사는 그것만은 자신 있다는 듯이 네 과정으로 발전되어 간다고 했다.

첫째는 해방감을 위해 때때로 마시는 전구증상이 있고,

둘째는 매일 마심으로 필름이 끊겨지는 전 행성증상이 일어나고,

셋째는 중독증으로 술을 조절할 능력을 상실한 상태로 직장생활이 불가능하며 의처증이나 의부증이 생기는 상태이고,

넷째는 만성적 증상으로 변덕스런 사고를 하며 막연한 공포심을 갖게 되고 정신이 황폐된다고 했다.

이런 설명을 들으면서 나는 내가 술과 마약에 대해 무지한 것을 오히려 하나님께 감사했다. 그러면서 갑자기 생각나는 것이 있었다. 소위 기독교인이라고 하면서 술을 만들어 파는 양조장을 경영하는 사람들과 술집liquor store을 운영하며 심지어 미성년자들에게까지 술을 판매하는 사람들을 도무지 이해할 수 없었다. 우선 돈만 벌면 된다는 그런 사고방식이 우리 사회를 망치고 있기 때문이다. 물론 모든 직업은 다 신성하다. 그러나 그것은 그 직업이 사회에 유익을 끼친다는 전제 조건 하에서의 일이다. 실제로 우리가 갖지 말아야 할 나쁜 직업이 우리 사회에는 얼마든지 있다.

8 지옥의 지하 2층 북관

지옥의 2층 북관北館에는 거짓말하며 사기를 친 자들이 모여 있었다.

거짓말이 무엇인가? 거짓말이란 사실이 아닌 것을 사실같이 꾸며서 말하는 것을 말한다. 그런데 요즈음 사람들은 거짓말을 그렇게 큰 죄로 생각하지 않는다. 그러나 옛날 희랍 법정에서는 거짓 증언한 자가 있으면 시민권을 박탈했고, 로마 법정에서는 타피안Tarpian 바위에서 거꾸로 내던졌으며, 이집트에서는 코와 귀를 베었다고 하지 않던가. 구약의 모세의 법에서는 거짓 증언은 피고에게 언도된 만큼의 벌을 받게 했다.

물론 심리학자들의 분석에 의하면 일반적으로 사람들은 한 주간에 200번 정도 거짓말을 한다고 한다. 그렇다면 인간은 거짓덩어리라고 할 수 있다.

그러면 무엇이 성경이 말하는 거짓말인가?

> 그의 계명을 지키지 아니하는 자는 거짓말 하는 자요(요일 2:4).
> 누구든지 하나님을 사랑하노라 하고 그 형제를 미워하면 이는 거짓말하는 자니 보는 바 그 형제를 사랑하지 아니하는 자는 보지 못하는 하나님을 사랑할 수 없느니라(요일 4:20).

물론 거짓말에는 선의의 거짓말, 소위 흰 거짓말도 있다. 그러나 거짓말을 자주 하는 것은 성격장애에서 비롯되며 좀 더 근본적으로는 사탄에게 속하였거나 유혹을 받기 때문이다. 그래서 거짓말하는 자는 지옥의 심판을 받게 된다는 것이다.

사기가 무엇인가? 사기란 사람을 기만하여 재물을 교부받거나 재산상의 이익을 취득하는 죄를 말한다. 그래서 나는 사기는 나와는 무관하다고 생각했다. 나는 사기를 치거나 기만한 적이 전혀 없다고 생각했다.

나는 은퇴할 때까지 교인들에게서 선의의 거짓말인 흰 거짓말을 못한다고 핀잔을 들은 적이 많았다. 그래서 나는 거짓말이나 사기죄와는 전혀 무관하다고 생각했다. 그때 문득 내 앞에 거울이 하나 나타났다.

내 얼굴이 비치자 동영상이 펼쳐지듯이 그동안 내가 한 모든 거짓말들이 다 기록되어 나타나지 않는가. 나는 깜짝 놀랐다. 내가 언제 그런 말을 했을까? 전혀 기억도 나지 않는 것이었지만 그것이 세밀하게 기록되어 있었다. 심지어 내가 지은 사기죄까지 자세히 기록되어 있었다. 나는 다시 한번 내가 하나님 앞에서 얼마나 큰 죄인인가를 깨닫게 되었다. 비록 외형적으로는 깨끗해 보였지만 내적으로는 그렇지를 못했던 것이다.

사실 나는 내가 사기를 친 적이 전혀 없다고 생각했다. 있다면 몇 번 사기를 당한 적만 있기 때문에 사기란 나와는 전혀 관계가 없다고 생각했다. 그런데 이게 웬일인가? 사기죄 중에는 운전자를 바꿔치기 한 것이나 속도를 어기다가 경찰차를 보고 뺑소니 친 것도 들어가는 것이 아닌가. 사실 나는 아주 오래 전 운전을 배울 때 한 번 운전자를 바꿔치기 한 적이 있었다.

미국에서는 자동차 면허증을 따기 위해서는 운전 연습 허가증learner's permit을 정식으로 받아야 하는데 그렇게 하지 않은 채 넓은 공원에서 연습을 한 적이 있었다. 내 절친한 친구인 L군이 먼저 면허증을 받았기 때문에 그의 차를 가지고 그를 옆에 태운 채 공원에서 운전 연습을 했다. 그때 마침 미국 경찰이 와서 내게 면허증을 보여 달라고 했다. 나는 옆에 앉아 있었고 내 친구가 운전했다고 거짓말을 했다. 한국 사람들이 미국 사람들을 볼 때 잘 구별하지 못하듯이 미국 사람들도 동양 사람들을 잘 구별하지 못한다. 다 똑같이 생겼다고 착각하는 것이다. 경찰은 머뭇머뭇하면서 공원에서 괜히 왔다갔다하지 말라고 충고하고 우리를 놓아주었다. 원 세상에! 이것도 법적으로 사기죄에 해당한다니, 그렇다면 거짓말이나 사기와 관계없는 사람이 세상 어디에 있겠는가?

말하고 보니 나는 한 번 뺑소니를 친 적도 있었다. 사람을 치고 뺑소니를 친 것이 아니라 빨리 집으로 가기 위해서 유턴을 하려고 중앙선을 넘어갔다. 그때 마침 경찰차가 이것을 보고 내게 스티커를 발부하려고 오고 있었다. 그래서 급해진 나는 할 수 없이 그 옆에 있는 주차장으로 들어가 차를 세우고 숨어 있었다. 경찰은 몇 번 왔다갔다하더니 그만 돌아가고 말았다. 나를 찾지 못했기 때문이다.

어디 그뿐인가? 자신을 과장하며 말한 모든 것까지 거짓말로 다 기록되어 있지 않은가. 거기에는 학력 위조자들은 물론이고 군대에 안 가려고 생년월일을 속인 자들도 있었다. 심지어 부정으로 시험에 합격한 자들까지 지하 2층에 많이 모여 있었다. 나도 초등학교 때 남의 시험 답안지를 슬쩍 보고 시험을 본 적이 있었기 때문에 가슴이 덜컹했다.

나는 교수로 있으면서 부정 행위를 가장 미워해서 부정 행위를 하는 신학생들을 퇴학시키는 엄격한 교수였지만, 나도 같은 죄인이라는 사실을 비로소 깨달은 것이다. 그런데 놀라운 것은 내 부정 페이퍼나 거짓말한 작은 것까지 다 지운 자국이 보였다. 연필로 쓴 글씨를 고무로 지운듯 했다. 나의 모든 죄가 예수님의 피로 깨끗하게 씻긴 것이다.

나에 관한 기록의 옆에는 크로스비 여사의 찬송가 한 구절이 선명하게 떠 올라와 있었다.

너희 죄 흉악하나 눈과 같이 희겠네. 너희 죄 흉악하나 눈과 같이 희겠네. 죄의 빛 흉악하나 희게 되리라. 주홍빛 같은 네 죄, 주홍빛 같은 네 죄, 눈과 같이 희겠네. 눈과 같이 되겠네.
너희 죄 사해 주사 기억 아니하시네. 너희 죄 사해 주사 기억 아니하시네. 불쌍한 사람들아, 오라 하시네. 너희 죄 사해 주사, 너의 죄 사해 주사 기억 아니하시네. 기억 아니하시네.

그것을 보면서 나는 주님의 은혜를 찬양하지 않을 수 없었다.

나의 모든 죄 용서해 주신
주 은혜 감사합니다.
주홍같이 붉은 죄
주의 보혈로 눈같이
희게 해주셨으니
나 이제 심판의 두려움 없이
살게 되었으니
아! 이 자유함 가지고
주 찬양하며 살리라.
주께 감사하면서
영원토록 주 앞에서
찬양하며 살리라.

지옥의 지하 1층 동관

지옥의 심판 중 가장 가벼운 지하 1층의 동관에는 시기, 질투, 미움을 가지고 살았던 수많은 사람들이 모여 있었다. 나는 겁이 덜컥 났다. 왜냐하면 나도 목회를 하면서 시기와 질투와 미움을 가진 적이 여러 번 있었기 때문이다.

장로들에게서 모함을 받았을 때 그들을 미워한 적이 있었고, 나보다 배우지 못한 사람들이 목회에 성공하는 것을 보았을 때는 시기하고 질투했던 적도 있었다. 심지어 나를 모함한 장로를 향해서 콩가루가 되게 해 달라고 기도한 적도 있었다.

질투는 모든 범죄의 20퍼센트나 된다고 한다. 특별히 가정이 깨어지는 이유의 30퍼센트가 질투 때문이라고 하니 정말 어처구니없는 일이다. 생각해 보면 나도 질투를 많이 한 것을 부인할 수 없었다. 그런데 질투는 나와 관계없는 사람에 대해서는 거의 하지 않고 대부분이 나와 관계가 많은 사람에 대해서 한 것이다. 내가 가장 많이 질투한 대상은 동료 목회자들이다.

그런데 나는 심지어 부부 간에도 질투를 해 왔던 것을 부인할 수 없다. 확실한 근거도 없는 경우가 절반은 되는 것 같다. 그래서 셰익스피어의 4대 비극 중 하나인 「맥베드」가 바로 이 주제를 다루고 있지 않은가. 문제는 질투가 생기면 둘 사이에 벽이 생기고, 대화가 단절되고, 진실을 파악하지 못하게 된다는 것이다. 따라서 신뢰가 파괴되고 불신이 생긴다. 그래서 질투는 무서운 것이다. 결코 질투는 질투에서 끝나는 것이 아니기 때문이다.

다음은 미움이다. 쥐 한 마리 때문에 집에 불을 지르는 것과 같이 엄청난 피해를 자신과 남들에게 가져다 준다. 히틀러 한 사람이 그의 어머니와 관계를 가진 유대인 한 사람에 대한 미움이 곪아 터져 제2차 대전을 일으키고, 600만 명의 유대인을 죽이는 엄청난 피해를 입히지 않았던가? 그래서 주님은 미움이 바로 살인이라고 말씀하신 것이다.

> 나는 너희에게 이르노니 형제에게 노하는 자마다 심판을 받게 되고, 형제를 대하여 라가(욕설)라 하는 자는 공회에 잡혀

가게 되고, 미련한 놈이라 하는 자는 지옥 불에 들어가게 되리라(마 5:22).

이렇게 보니 나도 지옥에 갈 수밖에 없는 죄인임을 부인할 수 없었다. 그런데 놀라운 것은 지옥 1층 북관에서 내 이름을 지운 자리가 환하게 보였다. 누가 지웠을까? 그곳을 자세히 보니 주의 보혈의 자국이 생생하게 남아 있었다. 예수님께서 나의 모든 죄를 다 지워 주셨구나. 그때 내 입에서는 찬송이 저절로 새어나왔다.

내 주의 보혈은 정하고 정하다. 내 죄를 정케 하신 주, 날 오라 하신다. 내가 주께로 지금 가오니 골고다의 보혈로 날 씻어 주소서.

사실 어떻게 보면 위에서 말한 죄는 흔히 있는 것들이다. 가장 가까운 부부 간에는 물론이고 친구들 사이에서도 작은 일로 인해서 미워한 적이 얼마나 많았는가?

 지옥의 지하 1층 서관

지옥의 1층 서관西館에는 각종 종교 지도자들이 많이 모여 있었다. 불교계의 저명한 스님들은 물론이고 기독교계의 유명한 목회자들도 적지 않게 있었다. 또 이슬람교의 지도자들과 조로아스터와 마니교 그리고 세상에서 성자들이란 말을 들었던 이들이 많이 모여 있었다. 또 세상에서 신의 뜻이라며 몸에 악어모양의 문신을 한다면서 면도칼로 온몸에 상처를 만든 자와 혀와 볼에 칼이나 송곳으로 찔러 흉한 모습을 한 사람들도 있었다.

놀라운 것은 목회자들 가운데는 대교회의 목회자들이 적지 않게 있었다. 나는 그들의 잘못이 무엇인지 궁금했다. 왜냐하면 나도 대교회에서 목회를 한 적이 있어 이에 대해 관심이 많았기 때문이었다.

가브리엘 천사장이 내게 가만히 다가와 자세히 설명을 해

주었다.

그들이 다른 사람들보다 더 많은 수고를 한 것도 사실이지만, 문제는 그들이 주님의 모든 영광을 가로챘고, 교인들에게 축복해준다는 빌미로 그들에게서 많은 재물을 착취했으며, 필요 이상으로 호화롭게 살았고, 주변의 수많은 가난한 사람들과 고난당하는 사람들을 외면했으며, 교인들에게 진정한 비전을 주지 않고 세상에서의 번영만을 설교했고, 그들의 행함의 근본 이유가 자신들의 탐욕에 있었기 때문이라고 했다. 그래서 나는 탐욕이 우상 숭배라는 사실을 절감했다.

나는 평소에 불교에 관해 관심이 많았고, 미국의 대학에서 공부할 때는 금강경을 비롯해서 대승불교에 대해 당시 불교의 대가들로부터 배우고 공부를 많이 했다.

우리가 흔히 말하는 종교의 창시자인 성자들의 죄는 인조人造종교를 만들어 수많은 사람들을 유혹하고, 그들의 삶을 헛되게 살도록 하며, 가장 큰 죄는 그들이 창조주 하나님의 영광을 가로 채는 것이라고 했다. 그들의 또 다른 잘못은 많은 산山길이 있어서 올라가면 다 산 꼭대기에서 만난다는 소위 종교 평등주의의 주장 때문이었다.

그렇다면 결국 기독교만이 참된 종교란 말인가? 이 얼마나 독선적인 말인가? 그러자 그 옆에는 이런 구절이 기록되어 있었다.

> 내가 곧 길이요 진리요 생명이니 나로 말미암지 않고는 아버지께로 올 자가 없느니라(요 14:6).

나는 내가 평상시에 궁금했던 것을 묻지 않을 수 없었다.
"그러면 기독교에만 구원이 있습니까? 다른 종교는 다 거짓이구요?"
그러자 주님은 또렷하게 말씀하셨다.
"제도적 교회가 구원을 주는 것은 결코 아니니까."
"예, 뭐라고요? 교회가 구원을 주지 못한다면 어떻게 우리가 구원을 받습니까?"
나는 놀라서 아이처럼 부르짖었다.
"구원은 오직 예수뿐이라고 가르치지 않았느냐? 바로 그것이 해답이다. 사람들은 그리스도와 그것을 제도화한 그리스도교를 같은 것으로 생각하지만 그렇지 않다는 것을 너는 알고 있지 않은가? 오늘의 기독교는 내가 가르친 것과는 너무도 많이 변했다네. 변질되었단 말이네. 내 뜻과 달리 제도라는 것을 만들고 목회자들이 제가끔 인기에 영합하기 위해 본질적인 것을 상실하고 있네. 그러므로 네가 이제 다시 세상으로 돌아가면 진정한 의미의 종교개혁을 해야겠어".

나는 두려워서 벌벌 떨었다. 초대 교회로 돌아간다는 말이 무슨 뜻인가? 또 어떻게 다시 돌아간다는 말인가? 내가 할 일이 무엇인가? 이제는 늙고 병든 내가 무엇을 할 수 있단 말인가? 사실 나는 은퇴한 후 여러 많은 교회를 숨어 다니면서 목회자들의 설교를 들었다. 다행스러운 것은 모자를 덮어쓰고 캐주얼 차림으로 가면 아무도 알아보지 못했다. 나는 목회자들이 처음에 성경 말씀을 몇 줄 읽을 뿐 내용은 전혀 말씀과 관계없는 설교를 하는 것을 많이 들었다. 게다가 내가 있었던 교회들처럼 목사들과 장로들이 교권 싸움을 하느라고 교회의 사명은 잊고 있었다. 많은 목회자들이나 장로들이 작은 교황이 되어 있는 것을 나는 똑똑히 보았다. 두려운 생각에 나는 떨면서 나왔다.

문화와 제도의 옷을 입은 오늘의 기독교가 초대 교회와 다른 점이 무엇인가? 나는 그것을 깊이 생각하면서 머리를 숙이고 있었다.

 # 지옥의 지하 1층 남관

지옥의 지하 1층 남관에 왔을 때 나는 비로소 긴장을 좀 풀고 지옥을 자세히 구경할 수 있었다. 서관에서 남관으로 들어가는 것은 크게 어렵지도 않았기 때문이다.

여기에는 지상에 살 때 비록 배우지 못해 바로 살지는 못했으나 그런대로 착하게 산 수많은 사람들이 몰려 있었다. 얼굴은 순한 모습이 그대로 있었으나 가난하여 배우지 못하고 믿음도 없이 살다가 온 사람들이었다.

나는 이들을 보자 불쌍한 생각이 들었다. 이런 자들에게 저승에서 제3의 기회아담이 제1의 기회, 이 세상에서 우리 자신이 제2의 기회를 이미 가짐는 없는 것일까? 이들에게 연옥이라도 있다면 얼마나 좋을까 하는 생각을 했다.

그래서 나는 하나님이 하시는 일이 좀 불공평하다고 생각되었다. 아니, 이들은 착하게 살았는데 지옥에 온다는 것은 좀 지나친 일이 아닌가. 그들에게는 복음을 들을 기회도 없었고, 믿을 기회도 없었으니 말이다. 나는 다시 강양욱 목사에게 주님께 전화를 하게 해 달라고 부탁했다. 그는 자기는 전화번호는 알지만 자기가 하면 전화가 걸리지 않는다고 했다.

나는 그 이유를 물었다.

"무엇 때문입니까?"

그는 간단히 대답했다.

"저는 하나님의 백성이 아니기 때문입니다. 기도란 하나님과의 영적 대화이기 때문에 성도들만 기도가 가능합니다."

강양욱 목사가 내게 일러준 전화번호는 Matt-77마태복음 7:7이라고 했다. 나는 믿음을 가지고 기도를 통해 주님께 전화를 했다.

주님은 내게 대답하셨다.

"모든 사람은 주어진 기회를 통해서만 심판을 받는다. 모세의 율법이 전달되기 전에는 양심이란 법을 주었다. 그러나 그들은 그 양심의 법을 따르지 않았기 때문에 심판을 받은 것이다."

그러나 나는 수긍이 가지 않았다. 왜냐하면 나는 양심의 법을 어겼지만 믿음으로 구원을 받았기 때문이다.

그래서 나는 대꾸했다.

"그러나 제 경우는 다르지 않습니까?"

그러자 주님은 말씀하셨다.

"물론 너에게는 이들과 달리 큰 은혜가 주어졌지."

나는 더욱 이해가 가지 않았다.

"그렇다면 주님, 왜 이들에게는 그런 은혜가 주어지지 않았습니까?"

주님은 좀 진노한 듯한 음성으로 말씀하셨다.

"내가 사랑하는 자에게 내가 은혜를 베풀 권한이 없다는 거냐? 지금 너는 하나님의 자리에 서서 이것저것 평하고 비판하고 있구나. 그러나 나는 단 한 번도 선한 자들을 심판하지 않았다. 내가 전능하기는 하지만, 선한 자들과 믿는 자들을 지옥에 보내지는 못한다. 너와 내가 다른 것은, 나는 지옥 갈 자들 중에 내가 선택한 사람들에게 은혜를 베풀 뿐이라는 것이다. 선을 행한 자와 믿음을 가진 자에게는 다 축복해 주었느니라."

나는 결국 심판에 관한 나의 견해를 하나님의 위치에 서서 논했다는 것을 깨달았다. 피조물인 내가 욥의 변명처럼 창조주의 자리에 서서 논하고 있었던 것이다. 우리가 행함으로 구원받는 것이 아님을 구체적으로 깨닫게 되었다.

그러나 나는 선의 개념이 분명치 않았다. 그래서 다시 물었다.

"안 믿었다는 이유만으로 선한 사람들까지 지옥에 가는 것은 잘못이 아닙니까?"

그러자 주님은 노하지 않으시고 빙그레 웃으면서 말씀하셨다.

"너는 상대적 선을 말하는 것 같은데, 중요한 것은 선의 기준이 인간의 관습이나 양심에 있는 것이 아니라 하나님의 말씀에 근거한다는 것을 알아야 하네."

나는 마지막 질문을 하고 싶었다.

"주님, 지옥에 온 사람들의 근본적인 이유가 무엇입니까?"

"지금까지 모든 것을 보고도 모르느냐? 너는 참 깨우침이 느린 자구나. 그것은 오직 두 가지 이유 때문이니라. 첫째는 믿지 않았기 때문이고, 둘째는 그들의 잘못된 선택의 결과 때문이다."

나는 신학생 때 질문을 많이 해서 교수들을 진노케 했던 버릇이 다시 생겼다. 그래서 또 질문을 했다. 사실 나는 미국에서 공부할 때 세계적으로 유명한 변증학자 반틸 박사에게 질문을 많이 해서 귀찮게 했던 적도 있었다. 그래서 그는 화가 나서 나에게 백묵을 던진 적도 있었다.

"주님, 믿지 않다니 무엇을 믿지 않았단 말입니까?"

그러자 주님은 딱하다는 듯이 말씀했다.

"첫째, 창조자이신 하나님을 믿지 않았고,

둘째, 대속하신 그리스도의 보혈의 역사를 믿지 않았고,

셋째, 성경 말씀을 믿지 않았고,

넷째, 주의 종들의 가르침을 믿지 않았기 때문이다."

"그러면 지옥에 온 자들이 무엇을 잘못 선택했기 때문이란 말씀입니까?"

"세상의 모든 것은 스스로 택한 잘못된 선택의 결과다. 잘된 선택이 성공을 가져오듯 잘못된 선택이 실패의 원인이 되고, 잘못된 선택이 그들의 불행의 원인이 되고, 마침내 잘못된 선택이 그들의 운명이 된 것이지."

주님과의 대화가 끝나자 강양욱 목사는 나를 재촉하면서 자기가 돌아갈 시간이 다 되었다고 했다. 나는 서둘러 다음 관으로 들어갔다.

12 지옥의 지하 1층 북관

내가 강양욱 목사의 안내를 받으며 지옥의 지하 1층 북관으로 올라갔을 때 거기에는 이런 글이 기록되어 있었다.

세상에서 선한 일을 많이 한 자들은 복이 있도다. 그러나 그들의 복은 세상에서 끝난다. 그들의 이름이 많은 사람들에게 알려져 칭송을 받을 것이나, 그것은 자기의 세대가 끝나면 안개처럼 서서히 사라진다. 이 땅에서 선한 일을 많이 한 자들의 이름은 역사에 남을 것이며, 사람들은 그들을 위인으로 기리며 섬기게 될 것이다. 그러나 그것은 다 꿈처럼 헛된 것이다.

나는 지옥의 지하 1층에 있는 사람들을 자세히 보았다. 가장 놀라운 것은 세상에서 유명한 교수들과 학자들이 그곳에 많이 와 있었다. 목사와 장로 중에도 적지 않게 그 곳에

와 있고 어린아이들도 많이 보였다. 이곳에 온 자들은 세상에서 큰 악을 저지르지는 않았지만 그렇다고 선행을 하지 않고 죽은 자들이 많았고, 가장 많은 자들은 어려서 죽었기 때문에 믿을 수 있는 기회도 없었고, 부모의 선택에 의해 유아세례도 받지 못한 채 온 아이들이었다.

나는 어린아이들이 지옥에 온 것에 대해 불만이 있었다. 그래서 강양욱 목사에게 물었다.

"어떤 아이들은 천국에 가고 또 어떤 아이들은 지옥에 오다니 무엇 때문입니까?"

그러자 그는 이렇게 대답했다.

"구원 문제는 언약과 관계가 있다네. 부모가 믿으면 스스로 판단할 능력이 없는 아이들은 부모의 언약에 따라 구원을 받지만 부모가 믿지 않았을 때는 구원을 받지 못하고 지옥에 온다네."

그러나 나는 그 말에 금방 수긍이 가지 않았다. 왜냐하면 자녀가 부모를 택한 것이 아니기 때문이다. 따라서 아이들이 믿지 않은 것에 대한 책임을 아이들 자신에게 물을 수는 없다고 생각했다. 차라리 그것은 부모에게 있는 것이 아닌가? 그러고 보면 부모의 책임이 얼마나 큰 지를 알 수 있다. 따라서 아버지는 그 가정의 제사장 역할을 감당하는 것이다. 그러나 나는 아직도 아이들이 택하지 않은 부모가 믿지 않은 불신에 대해 책임을 지고 지옥에 온다는 사실에 대해서는 도무지 납득이 가지 않았다.

그런데 이곳에 있는 자들은 다른 층의 사람들처럼 큰 고통을 당하고 있지는 않았지만 그렇다고 구원을 받을 수는 없는 자들이었다.

나는 아이들의 구원 문제에 대해 강양욱 목사에게 한 번 더 확인하고 싶어서 물어보았다.

"어떤 아이들이 지옥에 옵니까?"

"지옥에 오는 아이들은 부모가 믿지 않아 어려서 유아세례를 받지 못한 아이들이랍니다."

나는 그 대답에 마음이 편치 못했다. 그래서 이렇게 물었다.

"아이들이 태어날 때 자녀가 부모를 택하여 출생하는 것이 아닌데 믿지 않은 것을 아이들에게 책임을 지우는 것은 불공평하지 않습니까?"

강양욱 목사는 자기도 심판을 받는 주제에 하나님이 하시는 일을 비판하는 것 자체가 문제가 있는 것을 잘 알고 있는지 이렇게 피하고 말았다.

"그것은 제 소관이 아니지 않습니까?"

하기는 그의 말이 옳았다.

나는 강양욱 목사에게 물었다.

"여기가 소위 가톨릭에서 말하는 림보Limbo입니까?"

그러자 강 목사는 천주교에서 말하는 림보란 말은 '가장자리'Limbus란 라틴어에서 온 말인데 지옥 중에 가장 고통이 적은 곳이라는 뜻이라고 했다. 간단히 말하면 자기의 죄가 아니라 아담의 원죄로 지옥에 온 사람들이 머무는 곳이라는 것이다. 그러나 내가 확인한 바는 림보는 결코 연옥과는 다르다는 점이었다. 왜냐하면 연옥은 존재하지 않는 인간이 만든 가상적 공간이기 때문이다. 결국 지옥의 한 곳일 뿐이었다.

나는 여기서 앞으로 들어올 사람들의 사진 같은 영상들까지 희미하게 울렁이는 모습을 보았다. 나는 이미 지옥에 와 있는 그들의 모습과 또 앞으로 지옥에 올 경고를 받고 있는 사람들의 영상을 보면서 그동안 목회하며 괴로웠던 모든 아픔을 씻을 수 있었다.

거기에는 이런 구절이 적혀 있었다.

> 스스로 속이지 말라. 하나님은 만홀히 여김을 받지 아니하시나니 사람이 무엇으로 심든지 그대로 거두리라(갈 6:7).

지옥 1층에 있는 사람들은 주의 종이라고 하면서 자기의 이익만을 추구한 목회자들, 주님의 영광을 자기의 것으로 도적질한 자들, 세상에서는 실패하고 교회에 들어와 장로가 되었다고 목회자들을 괴롭힌 자들까지 다 있었다. 나는 여기서 교회의 직분이 구원과는 아무런 관계가 없다는 것을 느끼면서 부들부들 떨었다.

또 놀라운 것은 지옥 1층 북관北館에는 선하게 산다고 했지만 믿지 않았던 수많은 사람들이 보였다.

그 옆에는 이런 구절이 있었다.

> 내가 주릴 때에 너희가 먹을 것을 주지 아니하였고 목마를 때에 마시게 아니하였고 나그네 되었을 때에 영접하지 아니하였고 벗었을 때에 옷 입히지 아니하였고 병들었을 때와 옥에 갇혔을 때 돌아보지 아니하였느니라(마 25:42-43).

나는 그 구절을 보면서 강양욱 목사에게 저것이 구체적으로 무슨 뜻이냐고 물었다. 그는 이렇게 대답했다.

"주님께서는 세상의 가난한 사람이나 병든 사람이나 교도소에 갇힌 사람이나 집 없는 사람이나 이런 사람들을 당신 자신과 동일시하고 그들을 돕는 것이 주님에 대한 충성이며 봉사로 보신다는 뜻입니다."

영상으로 나타난 사람들을 보는 순간 나는 그들의 모습을 사진으로 찍고 이름이라도 적으려고 디지털 카메라를 꺼냈지만 이상하게도 거기는 배터리가 전혀 작동하지 않는 이 세상과는 전혀 다른 차원의 세계였다. 앞으로 지옥에 올 사람들의 모습을 보니 마치 바람이 불 때 호수에 비친 얼굴들처럼 흐릿해서 유명한 몇몇 사람들을 제외하고는 분명치 않은 경우가 많았다. 물결이 일렁일 때마다 헝클어지는 모습이어서 잘 구분이 되지 않았다.

좀 더 자세히 그 얼굴들을 보면서 나는 두려움으로 인해 바르르 떨었다. 왜냐하면 거기에는 나와 교회에서 함께 일했던 장로들의 얼굴들이 있었기 때문이다. 심지어 내가 세운 목사와 장로들 중 몇몇의 영상까지 보였다. 나는 강양욱 목사에게 부탁했다.

"이들의 이름을 적어 주시오. 아직 살아 있는 사람들에게는 경고라도 해야 하지 않겠어요?"

그러나 강양욱 목사는 내게 말했다.

"다 부질없는 짓이오. 그들은 천국과 지옥을 믿지 않는 사람들이오. 다 믿지 않고 이곳에 오도록 선택한 결과 때문이오."

나는 도무지 믿겨지지 않았다. 목사와 장로들이 믿음이 없었다는 말인가? 그럴 수 없다. 나는 그들이 다 세례를 받고 신앙고백을 하는 것을 본 적이 있었기 때문이다. 그렇다면 그들의 믿음은 다 위선이었단 말인가?

아! 그렇다면 세상에서 가장 불쌍한 사람들은 예수를 믿는다고 하면서 또 평생을 주의 일을 한다고 하면서 천국과 지옥을 믿지 않는 사람들이구나.

지옥에 영상으로 흐릿하게 나오지만 아직 살아 있는 목회자들과 장로들의 이름을 기록해서 이메일로라도 경고하고 싶었지만 지옥에는 그것을 기록할 종이도 연필도 없었다. 할 수 없어 그 이름들을 하나하나 기억하고 외우려고 했다.

그런데 이상한 일이 일어났다. 내가 꿈에서 깨어났을 때 나는 그렇게 열심히 기억한 사람들의 이름을 다 잊어버렸다. 다만 그들의 얼굴이 희미하게 주마등처럼 어른거리고 있을 뿐이었다.

천둥치는 소리에 꿈에서 깨어난 나는 깨달았다. 구원받지 못할 사람과 구원받을 사람을 인간적으로 구별하는 것은 하나님의 뜻이 아니라는 것을 말이다.

내가 본 지옥 1층 북관에서 보았던 모든 사실을 기록하지 못한 것이 못내 아쉽지만, 지옥이 반드시 존재한다는 것을 증거하는 것만으로도 족하리라고 믿는다. 그리고 그 지옥에는 형식적인 믿음과 죽은 믿음을 가진 모든 사람들이 다 해당된다는 것만으로도 많은 깨달음을 얻은 셈이다.

그래서 나는 혼자 중얼거렸다.

"신자면 다 신자인가? 진심으로 믿어야 신자지."

강양욱 목사는 지옥의 모든 것을 다 보여준 후, 천국은 다른 사람이 안내할 것이라고 했다. 그동안 나를 안내하면서 그와 더불어 익숙해진 나는 천국도 그에게 직접 보여 달라고 했지만, 자기는 그럴 자격이 없다고 했다. 자기는 천국에 들어갈 수도 없다고 징징거렸지만 눈물은 보이지 않았다.

'아! 지옥에 있는 사람들은 완전히 로보트야, 저들에게는 눈물도 없어. 결국 회개의 눈물이 있어야 갈 수 있는 곳이 바로 천국이야.'

나는 혼자 중얼거리며 밖으로 나오면서 내 마음에 가지고 있었던 한 가지 질문을 했다.

"강양욱 목사님, 사람이 죽으면 바로 지옥과 천국으로 갈라진 후 즉시 들어오나요? 아니면 음부에 있다가 오나요?"

사실 이 질문은 내가 목회를 하면서 교인들에게서 가장 많이 받은 질문이었다. 그러자 강양욱 목사는 이렇게 대답했다.

"논리적으로 보면 음부에 들어가 기다리다가 흰 보좌 앞에서 심판을 받은 후에야 지옥에 들어오는 것이 사실이지만, 죽은 자들은 영원 속에 있기 때문에 순식간에 들어오는 것처럼 느껴집니다."

나는 그의 말에서 낙원Paradise의 개념을 깨달을 수 있었다. 다시 말해 낙원은 아브라함의 품으로 구약의 성도들이 잠정으로 들어갔다가 천국으로 들어가는 임시 장소란 사실이다. 그러나 영원 속에 있는 그들에게는 바로 천국으로 들어가는 것처럼 느껴진다는 사실이다.

강양욱 목사의 설명을 들으면서 역시 정치 감각이 많은 그의 답변에 나는 혀를 내둘렀다.

'저렇게 박식하고 똑똑한 분이 어떻게 지옥에 왔을까?'

결국 천국은 지식이나 똑똑함과는 전혀 관계가 없다는 것을 깨달았다.

지옥을 보면서 내가 놀란 것이 두 가지 있다.

첫째로 지옥은 24시간 계속해서 불이 타오르지만 안개 낀 날처럼 항상 어둡다는 사실이다. 처음에는 나는 이 사실을 믿을 수가 없었다. 불이 있으면 환해야 한다고 생각했기 때문이다. 그러나 불에는 가시적 불과 불가시적 불이 있다는 것을 확인한 후에야 이해가 되었다. 지옥의 불은 계속 타올라 그곳에 있는 사람들에게 불에 타는 고통은 있으나 구더기 하나 죽지 않는 영원한 심판의 장소였다. 여기저기서 고통으로 인해 신음하는 소리와 이를 가는 소리로 견딜 수 없는 곳이었다.

둘째로 지옥은 어둡기는 하지만 전혀 보이지 않는 곳은 아니었다. 고통당하는 자들의 모습은 아주 분명하게 보였고, 다만 앞으로 들어올 사람들의 사진만 출렁이는 물에 비친 영상처럼 구별하기가 어려웠다.

내가 지옥을 보면서 가장 관심을 가졌던 것은 지옥이 어디에 위치하고 있는지, 또 어떤 종류의 사람들이 거기에 들어왔는지, 또 그들이 당하는 고통은 어떤 종류의 것인지였다. 그 지옥을 가 보니 그곳은 천국과 마찬가지로 세상 밖에 있으며, 3층으로 되어 있고 12부분으로 나누어져 있었다. 또 지옥의 지하 1층에 있는 사람들은 세상에서 많은 영광을 받은 사람들이 대부분이었다. 소위 브이아이피vip가 많았다. 불의 뜨거움으로 인한 고통도 크지만 그들이 가장 괴로워하는 것은 말할 대상이 없다는 외로움이었고 어쩌다 말을 하면 딴소리를 하면서 화를 내는 것이었다.

 # 지옥의 주변에 있는 12구덩이

 나는 지옥의 12관 주변에 있는 12구덩이를 하나하나씩 구경하기로 하고 먼서 〈거짓말의 구덩이〉에 들어가 보았다. 이 구덩이는 3층으로 된 12관의 사이에 자리잡고 있었다. 먼저, 거짓말의 구덩이에서는 모든 것이 마치 네온사인이 찬란한 라스베이거스의 밤거리처럼 화려해 보였다. 나는 너무도 놀라서 부르짖었다.

 "아니, 여기는 천국같이 아름답네요".

 그러자 강양욱 목사는 말했다.

 "그것이 바로 거짓말의 본질이지요. 모든 것이 다 그럴듯하고 아름답게 보이는 것 말이요. 사실 위조서류는 언제나 거짓을 숨기기 위해서 화려하게 도장을 찍고 금박이 글씨로 쓰곤 하지 않던가요."

 그런데 이 구덩이들은 화려하기는 했지만 마치 로마의 지

제2장 지옥 편 123

하 감옥처럼 깊은 곳에 있었다.

나는 두 번째 구덩이인 〈미움의 구덩이〉에 가 보았다. 이곳은 가시로 된 망으로 둘러싸여 있어서 서로를 찌르고 있었다. 나는 그제야 미움이란 남을 찔러 아프게 하기 전에 자신을 찔러 아프게 한다는 사실을 깨달을 수 있었다.

세 번째 구덩이는 〈시기와 질투의 구덩이〉인데 그곳에서는 서로가 고통을 당하면서도 그 속에서도 사람들이 서로 시기하고 질투하고 있었다.

네 번째 구덩이는 〈불평과 원망의 구덩이〉였다. 그곳에 있는 사람들은 남의 말은 전혀 듣지 않고 자기 말만 하면서 불평과 원망을 늘어놓으며 떠들어대고 있었다.

다섯 번째 구덩이는 〈무관심의 구덩이〉였다. 세상에 살 때 남에 대해서는 아무런 관심이 없이 오직 자기만 생각하고 자신의 만족만을 위해서 살았던 이기적인 사람들이 몰려 있었다.

여섯 번째는 〈두려움의 구덩이〉인데 얼마나 서로들 무서워하는지 마치 사천왕 앞에서 무서워하던 사람들의 그 모습을 방불케 하였다. 환경도 무섭고, 들리는 소리도 무섭고, 바람마저 무섭게 불어와 온몸이 사시나무 떨 듯이 될 정도였다.

일곱 번째는 〈분쟁의 구덩이〉였다. 매일 하루 종일 싸움질만 하는 것이 마치 국회에서 여야 간에 멱살을 잡고 치고 받는 모습 같아 보였다.

여덟 번째는 〈노여움의 구덩이〉였다. 노여움의 소리가 온 천지를 울리는 것같이 크게 들렸다. 이곳에 있는 사람들의 목을 보니 하도 소리를 많이 질러 퉁퉁 부어 있었다.

아홉 번째는 〈절망의 구덩이〉였다. 거기에는 이런 글이 기록되어 있었다.

'절망은 죽음에 이르는 병이다. 한 번 빠지면 결코 헤어 나지 못하는 곳으로 절대로 빠져서는 안 될 곳이다. 하루하루가 절망이고, 가는 곳마다 절망이고, 내일이 없는 절망이다. 과거가 절망이고, 현재도 절망이다. 여기를 벗어나는 길은 희망을 가지는 것인데 절망에 빠진 자에게는 그것이 보이지 않는다. 그러므로 이곳에 온 자는 결코 벗어날 수가 없다.'

열 번째는 〈탐욕의 구덩이〉였다. 탐욕은 단순히 욕심이 아니라 바로 우상 숭배다. 이곳의 특징은 주로 유명인이 많다는 점이었다. 정치에 대한 탐욕은 물론이고 돈에 대한 탐욕과 섹스에 대한 탐욕, 명예에 대한 탐욕, 심지어 음식에 대한 탐욕에 이르기까지 가지가지였다.

열한 번째는 〈음란의 구덩이〉였다. 순간적인 오르가즘의 쾌감을 느끼기 위해 수간(獸姦)까지 주저하지 않았던 자들이 고통을 당하고 있는 장소였다.

마지막 열두 번째는 〈배신의 구덩이〉였다. 배신은 인간이 당하는 최고의 아픔이며 가장 무서운 죄이다. 하나님에 대한 배신은 물론이고 친구들과 민족에 대한 배신자들을 볼 수 있었다.

나는 지옥의 12관에 있는 자들과 12구덩이에 있는 자들의 관계가 궁금해서 물어보았다.

"강양욱 목사님, 이들은 어떤 관계가 있습니까?"

"12구덩이는 세상에서 지은 죄의 종류에 따라 이곳에 잠깐 와서 특별 고문을 당하는 곳이랍니다. 말하자면 지옥 안의 또 다른 감옥과 같은 곳이지요."

나의 궁금증은 해소가 되었으나 그 비참한 모습에 등골이 오싹오싹하고 가슴이 아파 오는 것을 참을 수가 없었다.

나는 지옥에 대한 신약성경의 두 구절을 생각하면서 지옥문을 나왔다.

하나는 예수님께서 누가복음 12장 5절에서 심판을 언급하신 구절이다.

마땅히 두려워할 자를 내가 너희에게 보이리니 곧 죽인 후에
또한 지옥에 던져 넣는 권세 있는 그를 두려워하라. 내가 참
으로 너희에게 이르노니 그를 두려워하라.

다른 하나는 바울이 데살로니가후서 1장 7-9절에서 지옥의 심판을 피할 수 없는 마지막 심판이라고 한 구절이다.

환난 받는 너희에게는 우리와 함께 안식으로 갚으시는 것이
하나님의 공의시니 주 예수께서 저의 능력의 천사들과 함께
하늘로부터 불꽃 중에 나타나실 때에 하나님을 모르는 자들
과 우리 주 예수의 복음을 복종치 않는 자들에게 형벌을 주
시리니 이런 자들이 주의 얼굴과 그의 힘의 영광을 떠나 영
원한 멸망의 형벌을 받으리로다.

제3장

천국 편

강양욱 목사와 작별을 고하고 어둡고 긴 터널 같은 지옥을 벗어나자 문 앞에는 여섯 날개가 달린 키가 큰 한 분이 서 있었다. 그 순간 나는 얼마나 놀랐는지 모른다. 가브리엘 천사장이 나를 기다리고 있었기 때문이다. 등에는 두 날개가 있고, 얼굴에선 얼마나 빛이 나는지 눈을 제대로 뜰 수가 없을 정도였다. 가브리엘 천사장은 하나님에게서 직접 보내심을 받아 왔다고 했다. 그 뒤에는 라파엘과 미카엘 천사장들도 보였다.

나는 천국에 와서야 천사들에게도 가톨릭에서 말하는 계급이 있음을 알았다. 맨 위에는 세라핌사 6:2, 케루빔창 3:24, 오파님골 1:16이 있고 중간층에는 도미나티우네스골 1:16, 빌투스엡 1:20, 포테스타테스골 1:15가 있고, 맨 아래에는 프린스파투스골 1:15, 아크엔젤스살전 4:16, 일반 천사창 19:1/계 5:2가 있었다.

가브리엘 천사장은 웃으면서 그 이유를 설명했다.

"주님께서 나를 이리로 보내셨네. 이렇게 내가 와서 자네를 안내하는 것은 자네가 본 것을 다 기록하여 다른 사람들에게도 읽게 해서 그들로 하여금 천국에 대한 믿음을 갖게 하려는 데 목적이 있다네."

나는 그 소리를 들으며 너무도 감격해서 눈물까지 났다. 영원히 죽을 수밖에 없는 나를 구원하실 뿐만 아니라 이렇게 지옥과 천국에 대한 증인이 되게 하시다니……

자세히 보니 가브리엘 천사장은 남자의 모습도 여자의 모습도 아니었으며 여자 같은 남자, 즉 미소년 같다고나 할까? 또 나이도 전혀 가늠할 수가 없었다. 가브리엘은 여섯 날개를 가지고 있었는데 두 날개로는 얼굴을 가리고, 다른 두 날개로는 발을 가리도록 되어 있었으며, 오직 두 날개로만 날아다녔다.

천국 문

 천국에 들어와서 가장 놀라운 것은 들어가는 길에 불이 활활 타고 있는 모습이었다. 흡사 그 모습이 지옥과 비슷했기 때문이었다. 그러나 다른 것은 지옥의 불은 형벌의 불이지만 천국에서의 불은 번제처럼 나의 옛 사람을 다 태우고 성결케 하는 성령의 불이었다. 또 그 앞에는 잔잔한 호수가 있었는데 그것은 세상에서 당한 모든 질병을 치유케 하는 생수였다. 세상에서 가졌던 미움과 시기와 질투와 불평과 원망 등 모든 것을 다 치유케 하는 물이었다.

 나는 이곳에 오자 전에 항상 궁금해 했던 것이 생각났다. 그것은 지옥과 천국 사이에 어떻게 경계가 이루어졌을까 하는 의문이었다. 그러나 지옥을 벗어나 천국을 보니 그것은 서로 바라볼 수 있는 정말 가까운 거리였다. 다만 그 사이는 강으로 나누어져 있었는데 그것은 세상의 어떤 사람도 건널 수 없는 강이었다. 거리가 멀어서가 아니라 끝이 없을 정도로 강이 깊을 뿐 아니라 파도가 험하고, 한 번 들어가면 나올 수 없는 곳이었다. 강 위에는 십자가 형태의 다리가 하나 있었는데 그 다리로만 건널 수 있도록 되어 있었다. 다리는 몇 사람이 함께 건널 수 있는 크기였으나 문은 천사들이 밤낮으로 지키고 있었다. 밑을 내려다보니 얼마나 어지러운지 아래가 가물가물하게 보였다. 그러자 가브리엘 천사장은 내게 앞만 보고 걸으라고 충고했다. 얼마 걷지 않자 앞에 휘황찬란하게 비치는 천국이 보였다.

가까이 가니 천사들이 찬송을 부르고 있었다. 지휘자도 반주자도 보이지 않았으나 그 노래가 얼마나 아름다운지 가히 표현할 수 없을 정도였다. 그 노래의 가사를 들으니 순회 목사로 심방하고 집에 돌아왔을 때 불이 나서 까맣게 탄 자녀들을 보면서 〈내 주여 뜻대로〉라는 찬송가의 가사를 썼던 슈몰크 목사의 〈아름다운 시온 성아〉라는 찬송의 가사였다.

아름다운 시온 성아 어서 문을 열어라.
그곳에서 기쁨으로 내 주 예수 섬기리.
복되도다, 시온 성 빛과 은총 넘치네.
주여, 말씀하옵소서. 그 뜻 이루오리다.

주님 베푼 잔치 자리 나도 참여하리니

생명 샘물 마시고 우리 소생하리라.

  가브리엘 천사장은 내게 먼저 천국의 문부터 보여주었다. 나는 세계 여러 나라의 유명한 곳을 수없이 많이 가 보았지만 천국은 문부터 전혀 달랐다. 문은 황금으로 되어 있었으며 성은 네모반듯하고, 거기에는 12문이 있었다. 그 문은 모두가 진주 문으로 되어 있었고, 벽은 12가지 보석으로 단장되어 있었다. 그 보석은 재스퍼, 사파이어, 옥수, 에메랄드, 홍마노, 홍옥수, 황옥, 녹옥, 토파즈, 비취옥과 자수정이었다(계 21:19-20).

  나는 천국이 네모반듯한 것(계 21:16)이 이상해서 가브리엘 천사장에게 물었다.

  "천국은 왜 네모반듯합니까?"

  "네모반듯함에는 완전함을 뜻하는 상징적 의미가 있기 때문이네. 그러나 그것은 실제로 그런 것은 아니라네."

  나는 더 묻고 싶어서 급하게 말했다.

  "천국은 세상 밖 지옥의 위편에 있는 것으로 아는데 그렇다면 마지막에 이 세상은 어떻게 됩니까? 그냥 없어진다면 천지 창조는 결국 하나님의 실패작이 아닙니까?"

그러자 가브리엘 천사장은 웃으면서 이렇게 대답했다.

"천국은 세상 밖에도 있지만 주님이 재림하실 때 인간이 살고 있는 세상은 모두 불에 다 타 버리고 정결케 변해 천국의 일부가 된다네. 그래서 새 하늘과 새 땅이라고 부르지."

그런데 이상한 것은 천국으로 들어가는 각 문이 회전문처럼 한 사람씩만 들어갈 수 있도록 되어 있었다. 그곳은 반드시 그 이마와 오른손에 하나님의 인 맞은 자들만 들어갈 수 있도록 되어 있었다. 마치 공항에서 금속 탐지기를 통해 모든 것을 분별하듯이 하나님의 인을 맞지 않은 자들은 천국문에 들어가려고 하면 찍 소리가 나면서 불이 번쩍번쩍 하고 온몸이 쇠사슬에 묶여 추방되도록 만들어져 있었다.

그러나 하나님의 인 맞은 자들이 들어갈 때는 여섯 날개가 달린 하나님의 천사들이 나와서 환영하는 말이 들려왔다.

"어서 오세요. 그동안 세상에서 수고가 많았습니다. 당신은 승리한 자입니다. 이제는 이곳 천국의 시민입니다. 그동안 땅에서 당한 모든 수고와 눈물을 주님께서 닦아 주시고 위로해 주실 것입니다. 이곳에서 당신은 주님과 함께 영원토록 복락을 누리며 천년 동안 왕노릇 할 것입니다."

주변을 보니 천국으로 들어가는 길은 황금으로 되어 있었고, 문 위에는 12사도들의 이름과 함께 이렇게 기록되어 있었다.

이리로 들어오는 자는 은혜를 받은 자요 참으로 복된 자여라. 공로 없이 하나님의 택하심을 받고, 그리스도의 보혈로 정결함을 받았으니 아아! 그대는 죽도록 찬송해도 부족하리라. 그리스도께서 항상 그대와 함께하며 그의 자리에 함께 앉게 해주고, 천년 동안 왕노릇 하리라.

성령의 인치심을 받고 이마와 오른손에 표를 받은 그대는 영원한 보상을 받을 것이라.

천군천사들이 그대를 찬양할 것이요, 구원 외에도 공로에 따라 면류관과 상급을 받을 것이니 그대보다 더 복된 자가 어디 있으랴.

천국은 지옥처럼 층수로 구분되어 있지 않고, 보좌에 앉으신 하나님을 중심으로 원형으로 생겼는데 12계단으로 되어 있었다. 하나님의 보좌 앞에는 어린 양 되시는 예수님이 계셨고, 그 주변에는 네 생물이 있었다. 그 네 생물을 자세히 보니 네 천사장들이었고, 맨 앞줄에 앉은 성도들 앞에 수많은 천군천사들이 영원토록 하나님을 찬양하고 있었는데 그것은 세상의 어느 것과도 비교할 수 없는 새 노래였다. 매번 들을 때마다 은혜가 되고 새롭게 느껴지는 그런 노래였다. 가장 놀라운 것은 각종 새들이 노래에 맞추어 반주를 하고 있었다. 내가 처음 미국의 뉴욕에 가서 심포니 오케스트라를 들었을 때의 감격도 이에 미치지는 못할 정도였다.

태양이 없는데도 사방이 환하게 빛나고 밤이 없었으며, 사방이 기화요초로 꾸며져 있었다. 길의 좌우편에는 호수 같은 잔잔한 강이 흐르고 있었고, 길 가에는 나무들이 보기 좋게 서 있었다. 달마다 다른 과실을 맺으며 그 맛과 향기가 서로 달랐다. 뱀을 만져도 물지 않고, 사자와 어린아이들이 함께 놀고 있었다. 어디를 보아도 동물들끼리 약육강식하는 일이 없었다. 서로 놀며 뛰어다니고 있었다. 더욱 놀라운 것은 천국에는 교회가 없다는 점이었다. 그럴 수밖에 없는 것이 천국 전체가 다 아름다운 교회였기 때문이다.

가장 놀라운 것은 처음 만나는 사람도 서로 알아볼 수 있었다. 마치 멀리 헤어졌다 만난 한 가족처럼 말이다. 그러나 거기서 결혼하는 일이 전혀 없었다. 장애인도 천국에서는 다 온전한 몸으로 부활하여 있었고, 나이는 대부분 30대의 젊은 모습이었다. 노인들도 없었다. 이들은 모두가 새로운 모습으로 변화되고 거룩한 몸으로 부활해 있었으며 하나님을 찬양하며 경배하고 있었다. 재미있는 사실은 어린아이들은 많이 있었는데 이들은 다 세상에서 어린 나이에 죽은 믿음의 가족들이라고 했다. 144,000명의 모든 천국 백성들이 다 한 가족이었다. 지상에서와 같은 부부생활은 없었으나 한 형제, 자매처럼 행복하게 지내고 있었다. 세상에서와 같은 달력이 없는 영원한 삶이었다.

나는 144,000의 숫자가 궁금해서 물었다.

"이 숫자는 실제 숫자입니까?"

그러자 가브리엘 천사장은 웃으면서 대답했다.

"만약 그것이 실제 숫자라면 그동안 죽은 성도만도 그 이상이니 이제는 아무도 천국에 더 들어갈 수 없게요."

"144,000이란 숫자는 12구약의 12지파 숫자×12신약의 12사도 숫자×1,000많다는 뜻을 의미하기 때문에 구약의 모든 성도와 신약의 모든 성도를 합한 숫자입니다."

재미있는 사실은 천국에서는 누구나 날개가 없이도 손만 흔들면 마음대로 날아다니고, 심지어 물에서도 물고기들과 함께 수영을 하며 다닐 수가 있었다.

또 이상한 것은 모두가 다 자기 나라 말로 노래하지만 전체가 아름다운 찬양으로 조화를 이루었다. 마치 소프라노, 알토, 테너, 베이스가 서로 다른 음을 내어도 하나의 아름다운 소리로 조화가 되듯이 들려왔다. 벙어리까지도 나음을 입어 수화가 아닌 입으로 찬양하고 있었으며, 세상에서 신체적 장애가 있었던 자들은 다 본래의 건강한 모습으로 온몸이 회복되어 율동을 하며 찬양하고 있었다.

내가 세상에서는 시인으로 등단하여 세 권의 시집도 냈지만 천국에서의 이 아름다움과 사랑과 평화의 모습을 다 묘사할 수 없는 것이 안타까웠다. 아마도 세상의 어느 시인이나 작가라도 그 아름다움을 기록할 수는 없을 것이다. '아아!' 하고 입이 다물어지지 않을 정도의 감탄사만 연발할 뿐이었다.

나는 지상에서는 단 한 번도 하나님을 직접 본 적이 없었지만 천국에 와서 가브리엘 천사장의 소개로 제일 먼저 하나님을 만날 수 있었다. 그분은 흰 보좌 가운데 앉아 계셨는데 마치 정오의 해처럼 힘 있게 비쳐서 구체적인 형상을 전혀 볼 수가 없었다. 그러나 그분의 음성은 분명했으며, 내게는 우리말로 말씀하셨다. 그의 앞에는 어린 양 되신 예수님이 앉아 계셨고, 천사장인 네 생물이 그 주변에 둘러서서 시중을 들며 엎드려 찬양하고 있었다. 또 24장로들도 함께 찬양하고 있었다.

찬양하라, 내 영혼아,
삼위일체 하나님께
우리 모두 찬양하여라.
오직 그만이 영원히

찬양 받으시기에 합당하도다.

우리를 창조하셨을 뿐 아니라

구원을 베푸시며

영원토록 인도하시는

그의 은혜와 사랑을

우리 모두 찬양하여라.

몸으로 찬양하고

마음으로 찬양하고

생활로 찬양하여라.

온 세상 만물들아,

두 손 들고 모두모두

삼위일체 하나님께

영원토록 찬양하여라.

24장로들을 자세히 보니 구약의 12지파와 신약의 12사도들의 모습이었다. 이들은 다 구약 교회와 신약 교회의 대표 자격으로 앉아 있었다.

나는 항상 기억력 부족으로 인해 고통스러워했는데 천국에서는 과거의 모든 아름다운 기억들이 하나같이 생생하게 떠올랐다. 그러나 그 기억은 마치 어린 시절의 추억과 같아서 고통스럽고 괴로웠던 모든 일들까지 다 아름답게 느껴졌다. 심지어 내가 미워했던 사람들까지도 철없던 시절에 다투던 추억처럼 아름답게 생각되어 사랑스러웠다. 그래서 천국에서는 미운 사람도 없고, 시기 나는 사람도 없고, 하나같이 가족 같은 느낌이었다.

그곳을 지나자 가브리엘 천사장은 천국의 개요를 먼저 설명해 주었다. 천국 문을 지나자 큰 책이 두 권 펼쳐 있었는데 하나는 생명록이고, 다른 하나는 행위록이었다. 생명록에는 구원받은 모든 사람들의 이름이 낱낱이 적혀 있고, 행위록에는 그들이 행한 모든 일들이 자세히 기록되어 있었다. 생명록을 보니 그리스도의 피로 이름들이 적혀 있었다. 그제야 나는 '아하! 십자가의 보혈의 역사가 바로 이런 것이구나' 하고 깨달았다. 십자가의 보혈 외에는 세상의 그 어떤 것으로도 그 이름을 기록할 수 없는 것이 특징이었다.

가브리엘 천사장은 내게 천국에 대한 브리핑을 해주었다. 먼저, 천국은 지옥처럼 3층으로 되어 있지 않다고 했다. 그곳은 12계단으로 되어 있는데 하나님을 중심으로 원처럼 둘러싸여 있었다. 그들은 각자 여러 나라의 말로 말하지만 자기 나라의 말로 들을 수 있는 은사를 주셔서 서로 통했다. 나는 사도행전 2장에서 오순절의 역사가 나타날 때 서로 언어가 통하는 능력이 나타난 것이 바로 천국에서 완성된 것을 알게 되었다. 지옥과는 정반대 현상인 것을 볼 수 있었다.

12개의 줄은 원형으로 되어 있었으며 계단식으로 된 것이 특징이었다. 그러나 머리에 쓴 면류관은 다같이 금으로 된 의와 생명의 면류관이었고, 옷도 다같이 흰 세마포 옷이었으나, 띠만은 서로 달랐다. 마치 태권도 하는 사람들의 띠처럼 색깔이 달랐다.

흰 세마포 옷을 보니 세상의 세제로 빤 것이 아니라 금방 내려 쌓인 눈처럼 하얗고 게다가 광채까지 나는 것을 볼 수 있었다.

하나님 주변에 있는 순교자들은 황금 띠를 두르고 있었고, 그 뒤에 있는 사람들은 은띠를 두르고 있었으며, 주변에 있는 사람들은 동띠를 두르고 있었다. 올림픽에서 보면 메달 간의 차이가 많이 나지만 천국에서는 그렇지 않았다. 모두가 찬란하게 빛나고 자랑스럽기 때문에 띠에 상관없이 어느 누구도 불만 없이 행복한 모습이었다.

맨 앞줄에 서 있는 사람들

천국에 와서 제일 먼저 눈에 띄는 것은 저 멀리에 육체 부활한 성도들이 거하는 아름다운 맨션들이 마치 별장처럼 아름답게 지어진 모습이었다. 내가 천국 문에 들어서자마자 12겹으로 서 있는 천국 백성들이 보였다.

천국의 첫 번째 맨 앞줄에는 주로 순교자들이 머무는 곳이었다. 그곳에는 예수님을 30세겔에 판 가룟 유다를 제외한 제자들과 내가 좋아하는 바울도 있었다. 또 1935년 만주에서 공산 비적들에게 예수를 믿는다는 죄목으로 잡혀 모진 고문을 당하다가 얼어붙은 오소리 강에서 생매장당한 한경희 목사, 여순 반란 사건 때 두 아들 동인이와 동신이를 잃었을 뿐만 아니라 6·25 때 순교한 손양원 목사, 끝까지 신사참배를 거부하고 순교한 주기철 목사 같은 분들의 모습이 빛나는 모습으로 있었다. 주님과 가장 가까운 곳에 사도 바울이 금 면류관을 쓰고 앉아 있었다. 바울은 주님과 복음을 위해 순교했을 뿐 아니라 예수님의 마음과 뜻을 가장 잘 알고 있었고, 또 기독교를 이스라엘의 작은 지역의 종교가 아닌 세계적인 종교로 만들었기 때문이었다. 이를 위해 바울은 세 번이나 지중해를 중심으로 세계를 전도 여행했다.

순교자들이 쓴 면류관을 보니 천국에 있는 다른 사람들과 모양은 같았으나 더욱 빛나고 있었다. 그것은 그들의 공로로 인해서였다. 더욱이 보좌에 앉으신 하나님의 모양인 벽옥과 홍보석과 녹보석의 광채로 인해 더욱 빛나고 있었다.

이곳에서는 천국에서만 들을 수 있는 새 노래가 계속해서 들려왔다. 가끔 헨델의 메시아도 들을 수 있었다.

그 새 노래의 내용은 이런 것이었다.

'주 예수 내 맘에 들어와 계신 후
망령된 행실을 끊고
머리털보다도 더 많던 내 죄가
눈보다 더 희어졌네.
주 예수 내 맘에 오심
주 예수 내 맘에 오심

물밀듯 내 맘에 기쁨이 넘침은
주 예수 내 맘에 오심.

이 순교자들의 줄에는 구약의 모든 죽임을 당한 선지자들과 신약의 사도들이 있었다. 그런데 이상한 것은 모세의 자리가 없었다. 구약의 가장 위대한 인물인 모세가 왜 없을까. 나는 하도 이상해서 가브리엘 천사장에게 물어보기로 했다.

"왜 모세가 하나님 가장 가까이에 없습니까?"

그러자 가브리엘 천사장은 이렇게 대답했다.

"물론 인간적인 면에서 보면 구약성경에서 모세보다 더 위대한 인물은 없지요. 그러나 천국에서의 평가는 좀 다릅니다. 그는 순교하지 않았기 때문에 두 번째 줄에 있을 것입니다."

놀랍게도 마틴 루터와 장 칼뱅의 보좌도 앞줄에는 없었다.

순교자들 중에는 초기의 순교자들은 물론이고 로마 시대에 죽임을 당한 수많은 순교자들이 있었고, 대동강에서 젊은 나이에 순교한 토마스 목사도 있었다. 6·25 때 납북되어 순교한 사람들까지 전부가 이 첫줄에 있었다.

그때 이런 찬양이 들려왔다.

십자가를 지고 가는

순교자들은 복이 있어라.

세상에서의 고난은 잠깐이나

천국에서의 영광은 영원하리라.

하나님께서 그들의 눈물 씻겨 주시고

그 고통 위로해 주시니

아! 참으로 복된 삶을 살았도다.

무엇보다도 주님 곁에서

영원히 찬양할 수 있으니

그 기쁨 영원하리라.

사실 순교자들은 세상의 가치로 보면 가장 불행한 사람들이요 비참한 사람들이다. 어떻게 보면 그들은 실패자들이다. 아니, 주님 자신도 십자가에서 처형되셨으니 세상의 척도로는 실패자다. 그러나 주님이 하나님의 보좌 우편에 앉는 영광을 얻으신 것은 그분이 십자가를 지셨기 때문이 아닌가? 순교자들은 천국에서의 영광과 복락이 있기에 하나님의 영광을 위해 그들의 생명을 바쳤던 것이다. 내가 가장 놀란 것은 이름도 없이 빛도 없이 순교한 사람들이 빠짐없이 천국에서 영광을 누리고 있다는 점이었다.

 ## 두 번째 줄에 서 있는 사람들

두 번째 줄에는 이 땅에서 전도를 많이 한 성도들이 자리를 하고 있었다. 거기에는 스펄전이나 무디, 빌 브라이트 같은 분들이 보였다. 마태오 리치와 중국의 내지 선교를 시작한 허드슨 테일러의 모습도 보였다. 그러나 놀라운 것은 목회자들보다 평신도들의 모습이 더 많이 보였다는 점이다. 이상했다. 솔직히 말하면 나는 좀 당황했다. 왜냐하면 목회자들이 더 많아야 하는데 평신도들이 많다는 것은 이해가 가지 않았기 때문이다.

그러나 가브리엘 천사장의 설명을 듣고는 이 땅에서 가장 귀한 것이 첫째는 순교요, 둘째는 전도와 선교라는 것을 깨달았다. 사실 목회자들은 전도하기 보다 전도해 온 사람들을 양육하고 위로한 일이 더 많지 않은가. 사실 교회에서도 목회자보다 평신도들이 더 많이 전도하고 있다. 그래서 양은 양을 낳고, 목자는 목자를 낳는다는 말이 생겼을 것이다.

나는 내가 전도한 사람들이 얼마나 되는지를 알아보려고 여기저기를 살펴보았다. 목회 때 맺은 열매를 보니 마치 추수 때 이삭 줍듯이 모아놓은 작은 단이 여기저기 보였으나, 몇 번에 걸쳐 중국과 러시아와 터키와 스리랑카에 들어가 죽음을 무릅쓰고 선교하고 복음을 전한 열매가 훨씬 더 큰 것을 보면서 나는 놀라지 않을 수 없었다.

가브리엘 천사장은 나를 위로해 주었다.

"너무 실망하지 말아요. 이제부터 쓰는 이 책으로 인해 수많은 영혼들이 구원을 받고 위로를 받을 것입니다. 간접 전도도 다 공로에 속합니다. 그러니 지옥과 천국을 잘 보고 자세히 쓰세요. 그래서 사람들로 하여금 믿게 하세요."

내가 대전에서 목회하면서 책을 쓸 때 장로들이 심방이나 목회는 하지 않고 책이나 쓰면서 앉아만 있다고 욕을 먹었던 것을 새삼 떠올리면서 그들이 천국에 올지는 모르지만 온다면 놀랄 것이란 생각이 들었다. 왜냐하면 책을 통한 간접 전도도 전도이기 때문이다.

두 번째 줄 끝에는 이런 구절이 있었다.

아름답도다. 좋은 소식을 전하는 자들의 발이여(롬 10:15).

그리고 그 옆에는 이런 글귀도 있었다.

세상에서 가장 아름다운 것이 무엇인가? 그것은 아름다운 말을 하는 사람이다. 그 중에서도 주의 말씀을 증거한 전도자들의 입과 발이다. 그들의 상급은 다이아몬드처럼 영원하고 고귀하도다.

마침 그때 뒤에서 찬송 소리가 들려왔다.

흑암에 사는 백성들을 보라.
수많은 심령 멸망하겠네.
그 누가 갈까 주의 복음 들고
생명을 구원하는 곳으로.
큰 권세 주께 있으니
큰 권세 주께 있으니
너는 가서 주의 복음 전하라.
주가 너 항상 지키리라.

3. 세 번째 줄에 서 있는 사람들

 세 번째 줄에는 주님으로 인해 많은 고난을 당하고 끝까지 변절하지 않은 성도들이 있었다. 놀라운 것은 여기에 나의 자리가 있었는데 아직 죽지 않았기에 흐릿하게 영상으로만 출렁거리며 보였다. 나는 당황해서 '적어도 두 번째 줄은 되어야 하는데' 하고 속으로 중얼거리자 가브리엘 천사장이 말했다.

 "본래 자네 자리는 다섯 번째 줄인데 그동안 문제 많은 교회만 골라 목회하면서 당한 고난과 또 이번 책으로 인해 간접 전도를 많이 하여 전도상이 추가되어 업그레이드된 것이라네. 그러니 모든 것이 다 하나님의 은혜가 아닌가? 감사해야지."

 나는 더 이상 입을 열지 못하고 눈물을 흘리며 감사의 노래를 불렀다.

내가 죽으면서

부르고 싶은 노래는

주님 감사합니다.

날마다 불러도

못다 부른 노래는

주님 감사합니다.

어제도 오늘도 변함없이

부르고픈 나의 노래는

주님 감사합니다.

사랑하는 자녀들에게

들려주고 싶은 나의 노래도

주님 감사합니다.

부를 때마다 기쁨 되고

들을 때마다 위로 되는 노래는

주님 감사합니다.

고난 속에서 부르고 싶은 나의 노래도

주님 감사합니다.

죽고 난 후 남기고 싶은

나의 노래도

주님 감사합니다.

주님 감사합니다.
끝없이 부르고 싶은
나의 노래는
주님 감사합니다.

나는 세 번째 줄에 주님의 교회를 위해 많은 고난을 당한 농어촌 목회자들이 있는 것을 보면서 내가 여기에 속해 있다는 사실만으로도 너무도 영광스럽고 감사해야 할 일임을 깨달았다. 살아서는 그들의 고통에 동참하지 못했는데 죽은 후에는 이들과 함께 천국에서 영광을 누리며 하나님을 찬양하게 되었으니 말이다.

그 옆을 보니 개척교회를 세우며 고통을 많이 당한 수많은 목회자들이 보였고, 이들과 협력하며 고난당한 많은 집사들과 평신도들도 보였다. 뒤에서 부르는 찬송 소리가 내 귀에 들려왔다.

만왕의 왕 내 주께서
왜 고초 당했나.
이 벌레 같은 나 위해
그 보혈 흘렸네.

십자가, 십자가
내가 처음 볼 때에
나의 맘에 큰 고통 사라져
오늘 믿고서 내 눈 밝았네.
참 내 기쁨 영원하도다.

네 번째 줄에 서 있는 사람들

 네 번째 줄에는 이름도 빛도 없이 주님의 사랑을 몸소 실천한 사람들이 있었다. 제일 잘 보이는 곳에 테레사 수녀가 평상시와는 달리 아름다운 얼굴과 옷으로 단장하고 있었으며 머리에는 금 면류관이 빛나고 있었다. 나이는 33세 정도 된 성숙하고 아름다운 모습이었다.

 이 네 번째 줄에는 사회 봉사는 물론이고 호스피스에서 봉사했던 수많은 사람들의 얼굴이 보였다. 그런데 더욱 놀라운 것은 예수님의 사랑을 많이 받았던 베다니의 마리아와 마르다도 보였다. 나는 그들의 동생인 나사로가 보이지 않아 어디 있느냐고 물었다.

 "왜 나사로는 안 보입니까?"

 그러자 가브리엘 천사장은 웃으며 대답했다.

 "아까 두 번째 줄에 앉아 있었는데 못 보았습니까? 나사로는 다시 살아난 후 가는 곳마다 많은 전도를 해서 그 공로로 두 번째 줄에 있습니다."

사실 나는 천국에서의 내 영상을 찾느라고 그곳에만 온통 정신이 집중되어 있었기 때문에 그 주변에 있는 사람들에게는 별로 관심과 눈길을 쏟지 못했다.

네 번째 줄에 서 있는 사람들은 그들이 받은 상급으로 둘러싸여 있었다. 얼굴은 물론이고 무엇보다도 손이 더욱 아름답게 보였다. 그 옆에는 이런 구절이 기록되어 있었다.

보라 상급이 그에게 있고 보응이 그 앞에 있느니라(사 62:11).

나는 네 번째 줄에 있는 테레사 수녀가 못내 아쉬웠다. 그래서 가브리엘 천사장에게 불만조로 물었다.

"1979년 12월 노벨평화상을 받아 세상에서 가장 존경을 받게 된 가난한 자의 어머니인 테레사인데 적어도 두 번째 줄에는 서야 하지 않습니까?"

그러나 천사장은 '그것만도 하나님의 은혜이지요.'라고 답한다. 이유인즉 테레사가 하나님의 존재에 대해 오랫동안 갈등 속에 있었던 것이 그 근본 이유라고 했다. 가브리엘은 어리둥절한 나에게 더 자세히 설명해 주었다. 테레사가 마이클 데어 피트 신부와 주고받은 40여 장의 서신에서 내면 세계의 고민을 50여 번이나 고백했다는 것이다. 좀 더 정확하게는 1948년부터 죽을 때까지 계속적으로 갈등을 느껴 온 믿음이 아주 작은 자였다고 지적했다. 그래서 날마다 그 고민으로 인해 '얼마나 이 고통을 견딜 수 있을까?'라고 하며 괴로워했다는 것이다. '마치 모든 것이 죽은 것처럼 내 안에 너무나 끔찍한 어둠이 있다.'고 고백하기도 했다는 것이다. 그래서 하나님의 일을 망치지 않도록 기도해 달라고 요청했다고 한다.

그럼에도 불구하고 테레사에게 천국에서 귀한 자리에 앉게 한 것은 천사장의 지적대로 하나님의 은혜라고 할 수 있다.

네 번째 줄에서 나를 놀라게 한 것은 조만식 장로를 본 점이다. 그는 일제 말엽에 물산장려운동을 통해 애국운동을 일으켜 우리 민족에게 많은 깨달음을 준 위대한 지도자다. 그가 천국에서 금 면류관을 쓰고 흰 세마포 옷에 은띠를 띠고 있었다.

그의 옆에는 이런 글귀가 기록되어 있었다.

십자가에 달리신

고난의 주를 봅니다.
어둔 그늘 덮여도
우리 위해 참으신
그 당하신 고통을
어느 누가 알리요.
주는 죄가 없어도
만민 구원하시려
고통당하셨으니
주여, 심한 고통이
나의 영혼 덮을 때
주를 보게 합소서.

 다섯 번째 줄에 서 있는 사람들

 다섯 번째 줄에는 가난한 사람들을 도와주고 목회자들과 성도들을 위로한 사람들이 쭉 서 있었다. 그 옆에는 그들이 이룩한 공로가 거울처럼 반짝이고 있었다. 나는 내 아내의 자리가 그 곳에 있는 것을 영상으로 보면서 많은 성도들을 위로하고 봉사하던 아내의 모습을 새삼 떠올렸다. 그러나 나는 아내의 자리가 나와 함께 있지 않은 것을 못내 섭섭하게 생각했다. 그것을 눈치채었는지 가브리엘 천사장이 나를 이렇게 위로해 주었다.

 "천국은 지옥처럼 층이 따로 있는 것이 아니기 때문에 줄이 서로 달라도 언제든 원할 때마다 만날 수 있고 함께 있을 수도 있습니다. 맨 앞줄을 제외하고는 그 차이점은 실제로 거의 없습니다. 다 한 가족이니까요. 천국에서의 자리는 상징성이 있는 것일 뿐 실제로는 모두가 행복하고 영광스럽고 감사가 넘칩니다." 그 옆에는 이런 구절이 기록되어 있었다.

> 너희가 여기 내 형제 중에 지극히 작은 자 하나에게 한 것이
> 곧 내게 한 것이니라(마 25:40).

나는 다섯 번째 줄에서 고아원과 양로원을 경영하면서 고생을 많이 한 분들을 만났고, 무엇보다도 평생 구제 사업을 해온 수많은 사람들을 보았다. 놀라운 것은 규모가 크고 작은 것이 문제가 되지 않았다는 점이다. 마음 속 중심으로 주님을 섬기는 마음으로 했는가, 아니면 사업으로 생각하고 했는가를 구분하고 있었다. 그래서인지는 모르나 별로 알려지지 않은 사람들이 더 많았다. 깜짝 놀란 것은 알베르트 슈바이처가 여기에 있었다. 나는 여기서 다시 한 번 세상에서의 순서와 천국에서의 순서는 아무 관계가 없고 오히려 이름도 없이 빛도 없이 일한 사람들이 더욱 빛나고 있음을 보았다.

나는 학교에서 공부하면서 알베르트 슈바이처를 가장 존경했고, 그 사람처럼 되고 싶어하기도 했다. 그런 그의 서열이 별로라니 이해가 되지 않았다.

나는 그 이유를 가브리엘 천사장에게 물어보았다.

가브리엘은 이렇게 대답했다.

"이름 없이 봉사한 사람들이나 유명한 봉사자들이나 천국에서는 다 같습니다. 세상에서 유명치 않은 사람들이 더 많은 것은 '그들이 오른손이 하는 것을 왼손이 모르게 하였기' 때문입니다"(마 6:3).

그 옆에는 이런 구절이 기록되어 있었다.

> 사람에게 보이려고 그들 앞에서 너희 의를 행치 않도록 주의하라 그렇지 아니하면 하늘에 계신 너희 아버지께 상을 얻지 못하느니라 그러므로 구제할 때에 외식하는 자가 사람에게 영광을 얻으려고 회당과 거리에서 하는 것같이 너희 앞에 나팔을 불지 말라 진실로 너희에게 이르노니 저희는 자기 상을 이미 받았느니라(마 6:1-2).

이곳을 보면서 나는 깊은 생각에 잠겼다. 도대체 구제란 무엇인가? 뭔가 있어야 줄 수 있는 것이 아닌가? 그러나 내가 천국에서 본 것은 그것이 아니었다. 사람은 누구나 남에게 줄 수 있는 것이 있다는 점과 마음만 먹으면 얼마든지 줄 수 있다는 사실이었다. 나팔을 불며 선전하며 많은 물질을 준 것보다 빛도 없이, 이름도 없이 준 작은 금전이 몇 배 더 상급이 크다는 사실을 나는 본 셈이다. 사실 우리는 누구든지 세상에서 남들에게 작은 미소와 친절을 베풀 수가 있다. 주지 못하는 것은 마음이 없기 때문인 것이다.

이때 갑자기 불길 속에서 무엇인가 타고 있는 것이 보였다. 가만 보니 내가 세상에서 아끼던 것이 타고 있지 않은가? 나는 항상 나 자신을 가난하다고 생각했는데 사실은 필요 이상으로 많이 가지고 있었음을 깨닫게 되었다. 결국 세상에 쌓아 둔 것들은 마지막에 다 타 버리고 재만 남지만, 주님을 위해 쓰고 가난한 자들을 위해 쓴 것은 다 상급으로 남는다.

그 옆에는 이런 구절이 기록되어 있었다.

> 오직 너희를 위하여 보물을 하늘에 쌓아두라 거기는 좀이나 동록이 해하지 못하며 도적이 구멍을 뚫지도 못하고 도적질도 못하느니라(마 6:20).

여기서 나는 구제의 근본이 무엇인가를 생각해 보았다. 결국 구제란 남을 생각하고 배려하는 마음이다. 문제는 항상 나를 중심으로 생각하는 데 있다. 결국 '우리'라는 큰 틀 속에서 생각할 때 우리는 누구든지 구제를 할 수 있는 것이 아니겠는가? 그러므로 생명이 있는 자는 누구나 남에게 줄 것이 있고 줄 수 있는 기회가 있다.

6 여섯 번째 줄에 서 있는 사람들

 여섯 번째 줄에는 평생을 주일학교 교사와 성가대원으로 열심히 교회에서 봉사해 온 사람들이 있었다. 나는 내가 젊어서 주일학교 교사로 함께 봉사했던 동료들을 보면서 얼마나 기뻤는지 모른다. 거기에 눈에 띄는 사람이 있었다. 미국의 카터 대통령을 그곳에 있는 영상을 통해 뚜렷이 볼 수 있었다. 그는 아주 젊은 모습으로 하나님을 찬양하고 있었다. 나는 그가 거기에 서 있는 것을 보고 그래도 미국의 전직 대통령인데 어떻게 그를 여섯 번째 줄에 서게 했을까 하고 의아해했다.

 그때 가브리엘 천사장이 내게 설명해 주었다.

 "자네는 아직도 세상에서의 관습과 서열을 중시하는군. 사실 다른 대통령들은 앉아도 맨 뒷줄인 열두 번째 줄에나 있네. 그들은 세상에서 모든 영광을 다 누렸기 때문이지. 그런데 카터의 영상이 이렇게 앞줄에 보이는 것은 그래도 그가 퇴임한 후에 세계 평화를 위해 힘쓰고 집짓기 운동을 통해, 또 주일학교에서 많은 봉사를 했기 때문이라네."

나는 세상의 지위가 천국에서의 자리와는 아무런 관계도 없다는 것을 다시 한 번 확인하면서 천국은 참으로 공평하다고 느꼈다.

우리는 교회에서 주일학교 교사가 되는 것을 크게 생각하지 않는다. 그러나 어린아이들을 천국 일꾼으로 키우는 것이 바로 이들이 아닌가? 나는 여러 해 전 이화여자대학교에서 전국 주일학교 대회가 열렸을 때 박정희 대통령이 한 말을 또렷이 기억한다. 자기가 어려서 주일학교를 다녔지만 교사들의 불성실함과 거짓된 행동을 보면서 교회를 떠나게 되었다면서 교사 한 사람 한 사람의 책임이 얼마나 중요한가를 역설했다.

주일학교 교사들 옆에는 교회에서 성가대원으로 일했던 사람들이 많이 모여 있었다. 그러나 이름만 걸어놓고 불성실했던 자들은 눈에 보이지 않았다. 이들은 자기를 나타내려고만 하고 주님의 영광을 위해서 찬양하지 않은 자들이었다. 나는 하나님께서 그처럼 찬양을 기뻐하시고 찬양을 통해 큰 영광을 받으시는 것을 비로소 깨달았다. 그래서 에베소서 1장에 보면 성부 성자 성령께서 이 찬양을 받기 위해서 우리를 택하시고 구원하시고 인치심을 주셨다고 하지 않던가.

나는 고등학생으로서 성가대원으로 있었을 때 음이 틀린다고 많이 지적을 받은 일을 기억하면서 물었다.

"저 같은 음치의 찬양도 하나님께서 받으시나요?"

그러자 가브리엘은 이렇게 대답했다.

"문제는 감사하는 마음과 하나님께 영광 돌리려는 마음과 헌신의 마음을 가지고 불렀는가, 아니면 자기가 사람들로부터 인기를 끌고 칭찬받으려고 했는가라네."

그래서 나는 이렇게 물었다.

"그러면 찬양을 공교하게 아름답게 부르는 것은 별로 중요치 않군요."

그러자 가브리엘은 깜짝 놀라면서 그렇지 않다고 했다.

"최고의 하나님께 최고의 찬양을 드리려고 준비하는 마음은 아주 중요하다네. 정성 없이 아무렇게나 불러서는 안 되지요."

내가 이곳에서 놀란 일은 세상의 모든 것이 다 하나님을 찬양하도록 창조되었다는 점이다. 산에 있는 새들은 물론이고 짐승들과 산의 나무들과 바다와 강물과 개울물까지 다 하나님의 영광을 찬양하고 있고 그 중에서도 인간의 찬양이 가장 아름답다는 점이다. 인간 자체가 악기로서 사람마다 음색이 다른 것은 조화 있는 찬양을 위해서라고 한다. 그들이 부르는 노래 중에 하나가 기억에 남는다.

영광, 영광 주께 영광 돌리세
만물들이 하나 되어 주께 영광
창조하여 주심을 감사하며
주께서 구원하여 주님을 찬양하라.
변함없이 사랑하여 주심과
동행해 주심을 감사하며
영원, 영원토록 찬양하리라.

내가 다른 곳으로 가려고 하자 가브리엘 천사장이 이것은 꼭 보아야 한다고 하면서 보여주는 곳이 있었다. 그곳을 보니 높은 산이 있는데 거기에는 '찬양의 산'이라고 써 있었다. 찬양의 산이라니 처음 들어보는 이름이어서 나는 저것이 무엇이냐고 물었다.

그러자 가브리엘 천사장은 우리가 세상에서 하나님을 찬양한 모든 것이 저렇게 쌓여 금빛처럼 빛나고 있다는 것이었다. 한 곳에 보니 내가 성가대원으로 있으면서 불렀던 찬양집이 눈에 띄었다. 나는 내가 음도 제대로 못 내어 성가대장에게 꾸중을 들었던 일이 생각나서 주저했다. 그런데 가브리엘 천사장이 한 번 들어보라고 해서 나는 그 노래를 들었다. 뉴욕에서 들었던 심포니 오케스트라보다 더 아름다운 반주에 내 음성이 녹음되어 있었다. 나는 너무도 황홀해서 계속해서 듣자 가브리엘 천사장은 아직 볼 것이 많으니 그만 들으라고 하면서 길을 재촉했다. 나는 여기서 찬양의 의미가 이토록 큰 것을 깨닫게 되었다. 결국 세상 모든 피조물이 하나님께서 찬양을 받으시기 위해서 만들어졌다는 사실을 깨달았다.

7 일곱 번째 줄에 서 있는 사람들

일곱 번째 줄에는 교회를 많이 건축하고 세운 사람들이 머물고 있었다. 또 선교관과 봉사관 및 기도원을 지은 사람들도 보였다. 세상에서 그들이 지은 교회의 사진 영상과 함께 수고한 사람들의 명단이 기록되어 있었다.

일곱 번째 줄의 제일 잘 보이는 데는 평생 수많은 교회를 건축한 목사님들과 장로님들이 보였다. 내가 군대에 있을 때 교회를 건축한 것, 한국의 두 교회에 있을 때 봉사관을 비롯해서 몇 개의 건물과 주차장을 짓고, 또 미국에 와서 교회를 짓는다고 나의 장기를 팔려고 하다가 결국 앞니 네 개를 뽑게 된 것, 다시 한국에 와 교회에서 제2의 교육관과 소예배실을 건축한 것도 사진으로 볼 수 있었다. 중국 심양에 교회를 짓기 위해서 나의 시집 판 돈을 전부 헌금한 것도 기록되어 있었다. 나는 이곳에 와서야 성전 건축이 그렇게 큰 공로가 되는 것을 보고 큰 위로를 받았다. 사실 솔로몬은 생전에 이방에서 온 첩들이 우상 숭배하는 데 동조까지 한 사람이었지만, 그래도 그가 최초의 성전을 지은 공로로 하나님께서 그를 긍휼히 여기신 것을 볼 수 있었다.

이와 대조를 이루는 것은 저 멀리 지옥에 있는 집들이 불에 활활 타고 있었다. 하나님의 집에는 무관심한 채 자신들의 집만 궁궐처럼 지었던 사람들의 집이었다. 거기에 불타고 있는 집 중에는 한국의 재벌들의 집들이 가장 눈에 띄었다.

그러고 보면 이 재벌들만큼 불행한 사람들도 없는 것 같았다. 집은 화려했으나 사랑과 평안이 없는 집은 실상은 창살 없는 감옥이었기 때문이다. 그곳이 지옥이 아니고 무엇이란 말인가. 그런 그들의 집이 숭례문이 타듯 타고 있었다. 너무도 안타깝고 마음이 아팠다.

여덟 번째 줄에 서 있는 사람들

여덟 번째 줄에는 성경을 연구하며 신학교에서 신학생들을 가르쳤던 교수들과 선교 지역에서 수고한 선교사들이 있었다. 나는 처음에는 이들이 주일학교 교사들보다 뒤에 있는 것이 좀 의아했지만, 이들은 살아 있는 동안 그래도 이름을 날리고, 영광을 받았기 때문에 천국에서는 덜 인정받고 있었다.

나는 내가 신학교에서 교수로 있었다면 지금쯤 어떻게 되었을까를 생각하며 그동안 목회한다고 고생한 것이 결코 헛되지 않음을 발견하고 큰 위로를 받았다. 그러나 신학교 교수들이나 대학교 교수들이 다 천국에서 푸대접을 받는 것은 아니었다. 교수 중에도 많은 천국 일꾼을 키워 큰 상급을 받은 사람들도 많이 있었고, 또 가난 속에서 주님을 위해 연구에 골몰한 사람들은 큰 상급을 받고 있었기 때문이다. 무엇보다도 후학들을 잘 길러 사회에 이바지한 자들과 그들로 인해 이룩한 것도 공로로 남겨져 있었다.

제일 이해가 안 되는 것은 많은 선교사들이 크게 인정을 받고 있지 않은 점이었다. 그래서 가브리엘 천사장에게 질문했다.

"전도한 사람들이 순교자 다음으로 큰 상을 받는데 왜 선교사들이 이 뒤에 있습니까?"

"반드시 그렇지만은 않네. 선교사 중에 순교한 사람들은 최고의 상을 받지만 선교사입네 하고 선교는 별로 하지 않고 교인들에게서 선교비만 뜯어내는 데 혈안이었던 사람들은 이렇게 뒤에 처져 있다네."

나는 그 소리를 들으면서 교회의 직분이 중요한 것이 아님을 알았다. 정말 중요한 것은 그들이 어떤 처지에 있든 충성을 다한 사람이냐 아니냐에 있고, 그것에 비례해서 상급이 주어진다는 점이다.

9 아홉 번째 줄에 서 있는 사람들

　아홉 번째 줄에는 농어촌의 열악한 환경 속에서 목회를 한 목회자들과 이들을 협력한 수많은 성도들이 있었다. 그들은 불평도 없이 '할렐루야'를 부르면서 하나님을 찬양하고 있었는데 그 찬양이 얼마나 아름다운지 말로 다 표현할 수 없었다. 나는 거기서 내가 시골에 가서 부흥집회를 하며 세미나를 가질 때 자주 얼굴을 보았던 어떤 목회자를 만났다. 그는 가난 속에서 자녀 교육을 제대로 시키지 못해 사모가 남의 집 가정부로 일을 했었다. 그러다 60대의 젊은 나이에 소천을 했다는 소식을 들었는데 여기서 만난 것이다. 그의 주변에는 그를 위해 헌금을 하고 장학금을 주며 도와주었던 분들까지 함께 찬양하는 무리에 속해 있었다.

　나는 거기서 많이 배워 대 교회에서 목회한 사람들보다 많이 배우지는 못했어도 농어촌에서 수고한 목회자들이 천국에서는 더 큰 인정을 받는 것을 보면서 세상에서 먼저 된 자가 천국에서 나중 되는 원리를 깨달았다.

여기에 있는 목회자들 중에는 탄광과 공장에서 함께 일한 목회자들도 보이고, 또 교도소와 창녀촌에서 복음을 전하던 사람들도 보였다. 나는 이런 모습을 보면서 얼마나 많이 '할렐루야 감사합니다.' 하고 외쳤는지 모른다. 세상에서 이미 영광을 받은 사람들은 그로 인해 천국에서 영광이 삭감되는 것을 보면서 오른손이 하는 것을 왼손이 모르게 하라는 말의 뜻을 깨닫고 하나님의 공평하심에 다시 한 번 놀랐다.

그렇다면 목회에서의 성공이란 대 교회를 세우고 많은 사람들로부터 존경을 받는 것이 아니라 반대로 낮은 자리에서 최선을 다하는 것이라고 할 수 있다. 그리고 그런 목회자가 천국에서는 더 위대하고 상급이 큰 것을 알았다. 나는 세상에 다시 돌아가면 이 사실을 농어촌 목회자들과 곳곳에서 이름 없이 섬기는 수많은 목회자들에게 분명하게 전해 주겠다고 마음먹었다.

# 열 번째 줄에 서 있는 사람들

열 번째 줄에는 교회에서 직분을 받아 충성을 다한 장로들과 권사들과 집사들이 줄을 지어 서 있었다. 특별히 교회에서 목회자들과 시험에 처한 성도들을 위해서 기도를 많이 한 권사들이 가장 눈에 띄었다. 기도밖에 한 것이 없는데도 그들에게 이런 자리에 서게 하신 그 뜻이 무엇인지를 나는 물었다. 그때 가브리엘 천사장이 대답했다.

"세상에서의 기도는 하나도 땅에 떨어지는 법이 없다네. 무엇보다도 남들을 위해 중보 기도를 한 것은 하나님께 영광이 되고, 상급으로 인정된다네."

그곳에서는 중보 기도 팀에 있으면서 수고했던 집사들도 많이 보였다. 그러나 장로들은 그렇게 많이 보이지 않았다. 그래서 나는 가브리엘 천사장에게 물었다.

"아니, 교회에서 대표 기도를 비롯해서 가장 많이 기도를 한 사람들이 장로들인데 왜 그들은 여기에 많이 있지 않습니까?"

"그것은 그들이 형식적으로 기도했기 때문이지. 외워서 기도하고 기도문을 작성해서 읽은 모든 기도는 하나님이 기뻐하시지 않네."

나는 너무도 어이가 없어서 또 물었다.

"그렇다면 글로 써서 하는 모든 기도는 응답이 안 된다는 말입니까?"

그러자 가브리엘 천사장은 깜짝 놀라며 그렇지 않다고 했다. 문제는 마음에도 없는데 형식적으로 사람들에게 들으라고 기도하는 것이라고 내게 설명해 주었다.

나는 여기서 원주에 살던 어떤 여전도사를 만났다. 그는 기도할 때면 항상 '예수님, 여보' 하면서 기도하기로 유명한 분이었다. 나는 그 기도가 신학적으로 틀리지 않느냐고 물었다. 그러자 가브리엘 천사장은 웃으면서 말했다.

"자네는 자네가 기도한 것이 다 신학적으로 맞는다고 생각하는가?"

나는 기억에 남는 것이 별로 없어서 주저하며 말을 잇지 못했다. 그러자 가브리엘 천사장은 한 곳을 보여주었다. 나는 그 곳을 보면서 하마터면 기절할 뻔했다. 거기에는 우리가 기도한 모든 것이 산처럼 쌓여 있었다. 마치 옛날 왕에게 상소문을 보낸 글처럼 그렇게 한 곳에 가득히 쌓여 있는 〈기도의 산〉을 보았다.

"저것이 바로 천국의 〈기도의 산〉이라네. 그 기도문에는 기도한 사람의 이름과 기도의 내용이 녹음 테이프처럼 수록되어 있다네."

이것을 보면서 나는 뚱딴지 같은 질문을 했다.

"우리가 세상에서 한 말이 다 이렇게 기록됩니까?"

그러자 가브리엘 천사장은 고개를 끄덕이면서 실언을 하고 회개 기도한 것은 다 지워지지만, 그렇지 않은 것은 다 그대로 쌓여 있다고 했다. 나는 겁이 덜컥 났다. '그래, 말을 함부로 하는 것이 아니야.' 하고 다짐을 했다.

사실 나는 성격이 급해서 말을 함부로 하는 경우가 없지 않았기 때문에 그것이 가장 두려웠다. 그것을 알아차린 가브리엘 천사장은 '자네는 말도 함부로 하지만 회개도 빨리 했으니 너무 염려 말게.' 하고 위로해 주었다.

 # 열한 번째 줄에 서 있는 사람들

열한 번째 줄에는 평생 믿기는 했으나 주님을 위해 아무것도 한 것이 없는 성도들이 있었다. 그들은 구원은 받았으나 부끄러운 구원을 받은 자들이라 의와 생명의 면류관을 쓰기는 했으나 그들이 두른 띠는 동으로 된 것이었다. 그들은 '아멘'만을 연발하면서 하나님을 찬양하고 있었다.

내가 놀란 것은 천국에서는 어느 누구에게나 불평이나 원망이 없다는 점이었다. 그도 그럴 것이 천국에서는 어느 계단에 서 있든지 자유롭게 만나고 찬양하며 있었기 때문이다.

그렇다면 천국에서 12계단의 의미는 무엇인가? 그것은 바로 공로의 차이였다. 그러나 가장 뒤에 있는 사람들도 기쁨의 정도는 앞에 있는 사람들과 같았다. 그것이 천국의 특징이다.

내가 지옥에 갔을 때는 모든 사람들이 다 원망과 불평만

하고 있었다. 12관 모두가 똑같았다. 고통의 차이가 있었음에도 불구하고, 그 특징은 원망과 불평 투성이었다. 그러나 천국은 반대로 감사와 기쁨으로 넘쳐 흘렀다.

그래서 나는 그 중에 어떤 사람에게 묻고 싶었다.

"여보세요. 남들처럼 금띠를 두르지 않고 뒤편에 있는데 앞에 있는 사람들이 샘나지 않습니까?"

그러자 그는 깜짝 놀라면서 전혀 그렇지 않다고 했다. 그러면서 나에게 설교까지 했다.

"천국의 특징은 모두가 감사와 찬양뿐이랍니다. 선생님도 이곳에 오시면 그뜻이 무엇인지 알게 될 것입니다."

 # 맨 뒤에 서 있는 사람들

　제일 뒤편의 열두 번째 줄에는 예수님의 오른편에서 십자가를 졌던 강도와 또 죽기 전에 믿은 성도들이 있었다. 그들에게는 생명의 면류관 외에는 다른 아무런 상급도 없었다. 그럼에도 불구하고 그들의 얼굴에는 감사가 있었고, 입에서는 끝없는 찬송이 흘러 나왔다. 내가 가장 놀란 것은 평소에 저 사람은 지옥에 갈 것이라고 생각했던 사람들의 얼굴이 많이 보인 점이다. 지옥에서는 저 사람은 반드시 천국에 갈 것이라고 생각했던 사람들을 본 것처럼, 천국에서는 전혀 다른 사실을 보게 되었다.

　너무도 이상해서 나는 가브리엘 천사장에게 물었다.

　"천사장님, 저 사람들은 교회에 나온 적도 없는 사람들인데 어떻게 천국에 올 수 있었습니까? 믿지 않아도 천국에 올 수 있다는 말입니까?"

그러자 천사장은 내게 말했다.

"자네는 복음주의 신학자라고 자타가 공인하는 사람인데 그래, 하나님의 은혜의 깊이도 모르는가? 그들은 비록 교회에 출석하지는 않았으나 마음으로는 하나님을 믿은 '숨은 신자들' 이라네. 하나님께서 은혜로 그들을 다 구원해 주셨다네."

그 말을 들으면서 나는 좀 불평조로 물었다.

"그렇다면 교회에 이름이 등록되고 정규적으로 교회에 출석하고도 천국에 못 온 사람들보다 무엇이 낫단 말입니까?"

나는 이 문제 때문에 계속 머리를 갸우뚱했다. 그러자 가브리엘 천사장은 이렇게 말했다.

"하나님은 외모를 보시는 분이 아니라 그 속 중심을 보시는 분이라네."

더욱 나를 놀라게 한 것은 천하의 살인마인 김대두의 모습이 보인 점이다. 아니, 저 사람은 지옥엘 가도 밑바닥에 갈 사람인데 천국에 와 있다니……. 나는 도무지 알 수가 없었다. 그래서 나는 화가 났다. 뭔가 불공평하다고 항의를 했다.

"가브리엘 천사장님, 그럴 수는 없습니다. 정말 그럴 수는 없습니다. 비록 형식적이나마 교회에 등록을 하고 세례를 받은 자들도 지옥에 가는데 세상에서 살인을 하고도 천국에 간다는 것은 정말 불공평하고 말이 안 됩니다."

그러자 가브리엘 천사장은 내게 말했다.

"자네, 신학교에 다시 들어가 처음부터 다시 공부해야겠네."

나는 너무도 어이가 없어 더 이상 말을 잇지 못했다. 그러자 가브리엘 천사장은 내게 말했다.

"신학교 교수였던 자네에게 그런 말을 해서 미안하네. 그러나 자네는 너무 율법적이고 마치 바리새인 같아. 구원은 전적으로 하나님의 은혜인 것을 알지 않는가? 은혜를 받은 자는 하나님이 주신 믿음을 갖고, 거룩하게 되어 마침내 구원을 받는 것일세. 김대두는 비록 세상에서는 살인을 하고 못된 짓을 많이 했지만, 감옥에 있는 동안 그에게 주어진 기회를 통해 예수를 믿고 새롭게 변화되어 많은 사람들에게 전도를 했다네."

나는 화가 풀리지 않았다. 그러나 나의 잘못을 지적해 준 가브리엘 천사장에게 감사하다고 했다. 나는 화가 덜 풀린 자세로 또 다른 질문을 했다.

"그렇다면 교회는 필요 없지 않습니까? 교회 없이도 구원받는 사람들이 있으니."

그러자 가브리엘 천사는 어이가 없다는 듯이 놀라면서 말했다.

"교회다운 교회는 많지 않지. 그래도 비록 결함이 많은 불완전한 교회지만 그곳을 통해 복음이 전파되고 있기 때문에 교회는 영원토록 필요하다네. 하나님께 불공평을 말하고 이의를 제기하는 그 자세가 하나님에 대한 불신이요 그분의 영광을 가리는 것임을 알아야 하네."

그 말을 듣고서 나는 금방 '제가 잘못했습니다.' 라고 말했다. 가브리엘 천사장은 빙그레 웃기만 했다.

내가 천국에서 나오려 했을 때 헨델의 모습이 보였다. 그의 앞에는 수많은 찬양대원들이 있었고, 그는 자신이 작곡한 '메시아'를 지휘하고 있었다. '할렐루야, 할렐루야' 하면서……. 나는 그것이 나를 위로해 주려는 것임을 알고 주님께 감사드렸다.

내가 천국에서 가장 인상 깊었던 것은 일곱 개의 동산들을 본 점이었다. 기도의 동산, 섬김의 동산, 찬송의 동산, 구제의 동산, 눈물의 동산, 고난의 동산, 감사의 동산이 그것이었다. 그 중에서도 기도의 동산이 가장 높았다. 마치 감람산과 같이 생겼는데, 그것이 높은 이유는 성도들이 많은 기도를 한 것이 쌓이고 쌓여서 동산을 이룬 것이라고 했다. 놀라운 것은 때로는 우리의 기도같지 않은 기도까지도 하나님께서는 귀하게 보시고 이들을 하나도 남김없이 다 보관해 주셨다는 점이다. 나는 내가 기도한 것이 얼마나 되나 하고 살펴보니 남들에 비해 너무도 작은 덩어리였다. 나는 부끄러워서 얼른 그 자리를 피했다. 그리고 가브리엘 천사장에게 물었다.

"왜 제 기도가 저렇게 적습니까? 교인들을 만나 기도해 준 것이나 공적으로 대표 기도를 한 것만도 적지 않은데 왜 이렇게 적습니까?"

"그래도 자네는 적지 않은 편이네. 다른 목회자들의 기도를 보라고."

그러면서 그는 몇 곳을 보여주었다. 나는 속으로 결심했다. '내 나이 많아 살 날이 많지 않지만 지금이라도 기도를 많이 해서 내 기도의 산이 높아지게 해야지.'

섬김의 산을 보니 성도들이 주님을 위해서뿐 아니라 다른 사람들을 위해서 섬긴 내용들이 남김없이 쌓여 있었다. 섬김 중에는 지극히 작은 자들을 위해 섬긴 것이 가장 윗부분에 보였고, 다음에는 주의 종들을 위해서 섬긴 것이 눈에 띄었다.

가장 아름다운 곳은 찬송의 동산이었다. 그런데 이상한 것은 성가대원들이 교회에서 연습으로 불렀던 찬양까지 전부 쌓여 있었다. 심지어 흥얼대며 불렀던 찬양까지 아주 아름답게 쌓여 있었다. 마치 꽃이 만발한 동산처럼 그렇게 찬양으로 장식되어 있었다.

구제의 동산을 보니 교회에서뿐 아니라 사회에서 봉사한 내용까지 전부 있었다. 내가 한국과 북한은 물론 인도와 스리랑카 등 세계 여러 나라에 수천만 달러의 의료품을 통해 구제한 것까지 다 있었다. 주님의 이름으로 하지 않았는데도 그것을 통해 하나님께서 영광을 받으셨던 것이다.

다음에는 눈물의 동산이 있었다. 동산의 곳곳에 성도들이 흘렸던 눈물을 담은 병이 쌓여 있었다. 눈물 중에 가장 좋은 병에 담긴 것은 회개의 눈물이었다. 그것은 수정으로 된 병에 담겨 있었다. 나의 부족함으로 목회 사역시 장로들에게 핍박을 받았고 그로 인해 수많은 눈물을 흘렸는데 그것도 주님께서 귀하게 보관하고 계셨다.

심지어 고난의 동산도 있었다. 세상에서 주님을 위해 당한 모든 고난이 동산을 이루고 있었고, 특별히 목회하면서 당한 고난이 제일 잘 보이는 곳에 있었다. 그리고 주님을 증거하며 당한 핍박으로 인한 고통이 가장 윗부분에 있었다.

마지막 동산은 감사의 동산이었다. 하나님의 은혜에 대한 감사는 물론이고 성도들 간에 주고받은 감사까지 헤아릴 수 없는 감사들이 아름다운 꽃처럼 장식되어 있었다.

이런 일곱 개의 동산을 보면서 세상에서 당한 작은 일까지도 주님께서 다 기억하고 계시고 위로해 주시며 갚아 주시는 것을 깨달았다. 이름도 없이 빛도 없이 수고한 그 무엇도 무의미한 것이 하나도 없다는 것을 알고 나는 나도 모르게 감사와 찬송을 했다.

하나님, 참 감사합니다.
내게 깨달음을 주시니
너무도 감사합니다.
의심 많고 허물 많은 죄인에게
이렇게
많은 것 보여주시니
하나님 감사합니다.
이제 남은 여생
주님만 찬양하게
하옵소서.

바로 이때 나는 갑자기 빛이 환하게 내 얼굴에 비쳐 오는 것을 느끼면서 깜짝 놀라 잠에서 깨었다. 그동안 환상을 보았거나 꿈을 꾸었던 것이다. 아내가 깊이 잠든 나를 깨울 수 없어서 창문의 커튼을 젖혀 놓은 것이다. 내가 본 것이 비몽사몽간에 본 것인지 아니면 단순히 꿈인지는 알 수 없지만, 한 가지 확실한 것은 지옥과 천국은 반드시 있다는 확신이 왔다.

종막

 지옥과 천국을 다 본 후에 나는 어떻게 해야 할까 하고 많이 고심했다. 이것을 기록하자니 이단이니 뭐니 사람들이 야단을 할 것이고, 나와 다른 견해를 가진 사람들 중에는 오해할 사람들도 있을 것 같고, 그렇다고 그냥 두자니 너무도 생생한 것들이어서 모든 결론은 독자들에게 맡기기로 하고 내가 본 것을 소설 형식으로 기록하기로 했다.

 나는 지금도 눈을 감으면 모든 것이 또렷하게 보인다. 사실 나처럼 의심이 많은 사람에게 이런 환상과 꿈이 없었다면 나는 지옥과 천국을 분명하게 믿기가 힘들었을 것이다.

 그러고 보면 이 모든 것이 다 하나님의 은혜다. 지옥과 천국이 반드시 존재한다는 나의 결론만은 누구도 번복할 수 없다고 확신하기 때문이다. 본다는 것은 혹 잘못 볼 수도 있고 같은 것을 보면서 잘못 판단을 할 수도 있기 때문에 주관

적일 수밖에 없다. 내용도 보는 사람에 따라 같은 것도 다르게 볼 수 있기 때문에 나는 결코 내가 본 것만을 고집하지는 않는다. 다만 지옥과 천국이 있다는 진리를 내가 확신하게 된 것만으로 족할 뿐이다.

후록 後錄

 성령이 내게 주신 말씀

1. 왜 이 글을 쓰는가?

《내가 본 지옥과 천국》이라는 책을 쓰고 난 후 여기저기서 내게 많은 간증을 요청해 와서 무척이나 바쁜 날들을 보냈다. 그러나 지금의 내게 더 중요한 것은 《내가 본 지옥과 천국》에 기록하지 못한 것을 보충하느라 시간을 쓰고 있는 일이다. 어쩌면 내가 하고 싶은 간증은 "제발 간증 같은 것에 얽매이지 마세요. 중요한 것은 성경이지 간증이 아닙니다. 이제 남은 것은 모두가 깨어 일어나 기도하고 성령 받아 선교하는 것입니다. 나의 왕국My Kingdom을 세우려 하지 말고, 그리스도의 왕국Christ Kingdom을 세우는 데 힘쓰세요. 이제 주님의 재림이 가까이 오고 있습니다"라는 것이다. 그것은 성령이 내게 주신 말씀의 핵심 내용이기도 하다. 나는 성령께서 내게 주시는 이 말씀들을 중심으로 내가 깨달은 것들을 기록하여 《내가 본 지옥과 천국》에 첨부하는 이 글을 통해 읽는 분들이 좀 더 확실한 내세관과 확신을 가지고 살도록 당부하려고 다시 펜을 들었다.

2. 지옥에 대해서 깊이 알려면 사탄에 대해 좀 더 알아라

이것은 내가 간증을 할 때마다 주님이 내게 당부하는 말씀이다. 그래서 나는 다시 펜을 들게 되었다.

17세기 영국의 위대한 시인 밀턴은 《실락원Paradise Lost》이라는 서사시집을 기록하였다. 처음에는 10권이었으나 후에 2권을 더해 12권으로 출판했고, 그것도 실명한 뒤에서 구술을 해 썼다. 그의 책에 "사탄은 바로 지옥"이라는 말이 나오는데 주님의 말씀은 바로 이 밀턴의 말과 맥이 통하는 말이다. 분명히 밀턴은 육의 눈은 잃었지만 영의 세계를 본 사람임에 틀림없다. 그렇다고 내가 《실락원》에 나오는 내용들을 그대로 받아들이는 것은 결코 아니다. 그것은 성령의 말씀을 기록한 성경이 아니고 그저 주관적인 문학적 관찰일 뿐이기 때문이다.

(1) 사탄의 기원은 무엇인가? 어떻게 타락하게 되었는가?

이사야 14장 12-15절에 언급하고 있다. 물론 많은 자유주의자들은 그것이 바벨론 왕에 대한 은유적 표현이라고 말한다. 물론 그 말은 절반은 맞는 말이다. 다시 말해서 바벨론 왕의 종말을 예언한 것임에는 틀림없다. 그러나 더 중요한 것은 사탄에 대한 문자적 기록이기도 하다는 것을 우리는 기억해야 한다. 요한계시록에 보면 바벨론이라는 말이 많이 나오는데(14:8; 16:19; 17:5; 18:2, 10, 21) 그것은 이 세상을 묵시문학적으로 표현한 것이다. 따라서 여기서도 그런 맥락에서 이해해야 마땅하다.

계명성(Morning Star)이라는 말은 라틴어로 루시퍼(Lucifer)인데 별(star)이라는 뜻이다. 그것은 사탄을 의미한다. 이사야 14장 13-14절에서 주목할 것은 "내가……하리라"는 말이 5번(영역본 5회/ 한국어역본 3회)이나 나오는데, 그것은 루시퍼의 교만의 극치를 말한다. 물론 이사야서의 이 말은 요한계시록 22장 16절에서 예수님을 "새벽별"이라고 한 것과 혼동해서는 안된다. 마치 요한복음 3장 14-15절에서 모세가 광야에서 뱀구리로 만든을 만들어 그것을 쳐다본 사람들마다 구원을 받은 것처럼 주님이 십자가에 달려 죽으심으로 그를 믿는 자마다 구원받을 것을 말씀하신 예표와 꼭 같은 이치이다.

뱀은 사탄을 뜻하기도 하지만 요한복음에서처럼 예수님을 뜻하기도 한다. 따라서 바벨론이 '세상' 나라를 뜻하기도 하지만 때로는 이사야서에서와 같이 사탄을 뜻하기도 한다. 다소 설명이 지루할 수도 있겠으나 중요한 것은 자유주의자들처럼 많은 사람들이 그것을 깨닫지 못하고 있다는 것이다.

요한계시록 12장 7-9절에는 더 분명하게 기록하고 있다. "하늘에 전쟁이 있으니"라고 하면서 하나님을 대표하는 미가엘 천사장과 그의 군대가 루시퍼와 그의 군대악령들과 귀신들와 전쟁을 했다는 것이다. 이것은 하나님께 대한 사탄의 반역이었다. 처음에는 가장 높은 천사장이었던 루시퍼가 교만하여 하나님과 같아지고 그래서 세상을 자기가 지배하려고 하다가 사탄으로 전락한 것이다.

(2) 그 결과는 무엇인가?

에스겔 28장에 자세히 나온다. 먼저 "하나님의 산에서 쫓"16절김을 받았다. 더 이상 하늘에 머물지 못하고 땅으로 떨어졌다. 본래 루시퍼는 "완전한 도장인이었고 지혜가 충족하여 온전히 아름다웠"12절던 천사였다. 영어 성경에는 "완전의 모델"이었으며 지혜와 아름다움이 극치에 달했다고 번역하고 있다.

루시퍼는 하나님이 창조한 가장 완벽한 피조물인데 왜 전능하신 하나님께서 그런 타락할 천사를 창조했을까? 여기에는 우리가 알 수 없는 하나님의 신비한 섭리가 있다. 구체적으로는 성경이 침묵하기 때문에 확실하게 알 수는 없다. 그러나 루시퍼가 완전에 가까운 존재라고 하더라도 역시 피조물이기 때문에 타락의 가능성을 가지고 창조된 것이다. 다시 말해서 모든 피조물은 다 불완전하기 때문에 자신의 선택에 따라 타락의 가능성이 있다. 루시퍼는 하나님의 자리를 탐냈고 그것을 얻기 위해 결국 다른 천사들을 유혹하여 하나님을 배신하였다. 이사야 14장에 보면 "가장 높은 구름에 올라가 지극히 높은 이와 같아지리라"14절고 기록하고 있다.

이것은 오늘날의 우리도 마찬가지이다. 주의 일을 한다고 하면서 '나의 왕국'을 세우고, 하나님께 드린 물질을 자기 마음대로 쓰는, 사탄이 저지른 과거의 반역을 우리도 반복하고 있기 때문이다. 그러므로 우리에게 가장 큰 시험은 교만이다. 나의 왕국을 세우려는 교만이다. 자기를 중심으로 하고, 자기를 표준화하는 것이 교만이다. 내가 천국을 보는 가운데 주님께 받은 질문은 "너는 나의 영광을 위해 무엇을 했느냐"였다. 결국 "너는 지금까지 너 자신의 영광, 너의 왕국을 세우려고 하지 않았는가"라는 책망이었다. 그래서 나의 모든 철학을 버리고 '오직 주님', '주님의 왕국'만을 부르짖게 된 것이다. 그러나 그런 결심에도 불구하고 기도하기를 게을리할 때는 또다시 나의 왕국을 세우는 잘못을 범하고 있다. 결국 죽을 때까지의 전쟁은 나 자신과의 싸움이다. 그것을 바울은 사륵스sarx육라고 표현했다.

(3) 사탄의 작전은 변했다.

처음에는 자신의 조직을 통해 하나님께 직접 도전하고 반역했지만 그것이 안 된다는 것을 깨달은 사탄은 그의 작전 전략을 변경시킨다. 다시 말해서 사람들을 유혹하여 하나님을 배신하도록 하는 간접 방법을 취하기 시작하였다. 인류의 역사가 그것을 증명한다.

첫째로 사탄은 아담과 하와를 유혹하여 선악과를 따먹게 하고 그 원죄로 인해 인류를 멸망시키려고 했다. 창세기 2장 17절에 "선악을 알게 하는 나무의 열매는 먹지 말라 네가 먹는 날에는 반드시 죽으리라"고 했다. 이것이 하나님께서 아담과 하와에게 주신 최초의 계명이었다. 그것은 하나님께서 그들이 순종을 통해 행복하기 원하셨기 때문이다. 그러나 사탄은 그 틈을 노렸다. 그것도 약한 하와를 통해 아담을 유혹하여 선악과를 따먹게 하였다.

이때 사탄은 여기서 승리한 것처럼 보였을 것이다. 그러나 하나님은 이때 이미 에덴동산보다 더 좋은 낙원과 천국을 만드시고, 메시아를 보내실 것을 예정하신다.

둘째로 하나님께서는 창세기 12장에 기록한 대로 우상숭배자였던 아브라함을 선택해서 선민을 만드심수 24:14으로 하나님의 은혜를 보여 주셨다. 하나님께서는 아브라함과 그의 후손들을 통해 세상에 복음을 전하게 하셨다. 그러나 거짓의 아비인 사탄은 여러 번 아브라함에게 거짓말을 하게 하고, 믿음을 지키지 못하게 하였다. 그 후에도 하나님께서는 수많은 선지자들을 보내어 백성들을 깨우치려고 하시면서 하나님의 끝없는 사랑을 그의 백성들에게 보여 주신다.

그러나 인류의 역사는 사탄이 승리한 것처럼 보였다. 왜냐하면 하나님께서는 모세를 통해 출애굽하게 했지만 반석을 명하여 물이 솟게 하라는 하나님의 명령을 어기고 모세 자신의 혈기와 불신으로 두 번이나 반석을 쳐서민 20:8 결국 가나안 땅에 들어가지 못하게 된 것이다. 이것은 외형적으로 보면 사탄의 승리이다. 그러나 하나님의 구원 계획은 그의 독생자이신 예수 그리스도를 보내심으로 완성케 하신다. 결국 사탄은 하나님의 놀라우신 지혜를 당할 수 없었다.

셋째로 그러나 사탄의 방해는 더욱 잔인하고, 간교해졌다. 아기 예수님이 태어날 때 헤롯 왕을 통해 아기 예수님을 제거하려고 했기 때문이다. 동방박사들이 헤롯에게 예수님의 탄생지를 알려주지 않았을 때는마 2:12 베들레헴의 두 살 이하의 모든 사내들을 죽이게 했다마 2:16. 그런데 놀라운 것은 예수님이 열두 살 되던 해부터 삼십 세가 될 때까지 성경에는 아무런 기록도 없다. 그것이 하나님의 놀라운 섭리라고 믿는다. 하나님의 계획을 사탄에게 숨겨 예수님을 보호하려는 계획이 있었기 때문이다. 그래서 우리는 예수님에 관해 그 기간 동안에 일어난 일을 전혀 모른다.

사탄은 예수께서 공생애를 시작하려고 했을 때 세 가지 시험을 통해 예수님을 방해하려고 했다. 그것은 예수님의 메시아 의식을 의심케 하고, 메시아로서 사명을 감당치 못하게 하려는 고도의 전략이다. 그러나 예수께서 사탄의 시험에 대해 승리하심으로 사탄은 처음으로 실패감을 느끼게 된다. 사탄은 헤롯 때 사용한 방법으로 예수님을 죽이려 하였다. 그것은 바로 세상에서 흔히 하는 정치적 방법이었다. 그래서 가룟 유다를 유혹하는 데 성공했고, 그 결과 마침내 예수님은 당시 큰 죄인들에게만 사용하는 사형 방법인 십자가를 지셨다. 예수님이 "엘리 엘리 라마 사박다니" 하면서 괴로워했을 때 사탄은 자신의 승리를 믿었을 것이다. 그러나 예수께서 "다 이루었다"고 했을 때 사탄은 불안하기 시작했을 것이다. 그래서 예수님이 장사된 무덤의 문을 열지 못하도록, 성인 대여섯 명이라야 옮길 수 있는 큰 돌로 막아 놓고서도 불안해서 로마의 병정들에게 지키게 하였다. 그러나 주님은 예언하신 말씀대로 사흘 만에 부활하셨다. 그러자 사탄은 급한 나머지 유대인들의 지도자들을 통해 시체도난설을 퍼뜨려 무마하려 했으나 하나님께서는 부활하신 주님을 만난 사람들마다 변화시켜 부활의 증인이 되게 하셨다. 우리는 역사의 뒤에서 사탄이 행한 유혹의 치밀한 방법을 기억해야 한다. 우리의 지혜로는 도저히 사탄을 이길 수 없고 오직 기도하며 얻는 성령의 지혜로만 승리할 수 있다.

3. 마지막 때의 사탄의 전술 전략은 무엇인가?

지금 사탄은 자기의 때가 얼마 남지 않은 것을 잘 알고 있다. 그래서 사탄은 다른 어떤 때보다도 격렬하게 우리를 유혹하고 시험하고 있다. 나는 그것을 경고하기 위해서 2004년 〈국민일보〉에 연재한 《영적 전쟁》을 책으로 출판하였고,

여기에 그 일부를 소개한다.

사탄의 전술 전략은 (1) 교만 (2) 절망 (3) 비교 의식 (4) 의심과 불신 (5) 거짓말 (6) 미움 (7) 불평과 원망 (8) 지연 작전 (9) 불성실 (10) 외식 (11) 세속주의 (12) 황금만능주의 (13) 게임좀비zombie란 처음에는 부활한 시체를 일컫는 말이었으나 지금은 악성 바이러스에 감염된 사람을 뜻함 등이다.

4. 지옥은 어떤 곳인가?

(1) 지옥이라는 우리말은 사실은 불교에서 나온 말이다. 성경에 게헨나Gehenna로 되어 있는 것을 다른 말로 표현할 수 없어서 그렇게 번역하였다. 우리나라는 삼국시대 이후에 불교의 영향을 많이 받아 우리가 사용하는 용어 중 많은 부분이 불교의 영향을 받고 있다. 나는 성서라는 말보다는 성경이라는 말을 애용하는데 그것도 따지고 보면 불교의 경전이란 말에서 온 것이다.

불교에서는 136가지 종류의 지옥 가운데 8열 지옥과 8한 지옥을 가장 무서운 지옥으로 보고 있다. 그러나 그것은 인간이 만든 가공적 세계이다. 이미 우리말이 된 모든 불교의 용어를 버릴 필요는 없지만, 그것이 다른 의미일 때는 그것을 바로 해석할 필요가 있다. 예를 들면 우리가 많이 쓰는 '신바람'이라는 말은 무당이 신이 올라 황홀지경에 들어가 춤추는 것을 말하고 또 '하느님'이라는 말은 '하늘'이란 말에다 '님'자를 붙인 말이기 때문에 성경에서 말하는 야웨 하나님은 아니다.

(2) 본래 게헨나는 열왕기하 23장 10절에 보면 "힌놈의 아들 골짜기"로 되어 있는데, 이것이 신약에서는 헬라어로 게헨나로 기록되고 있다. 구약에는 스올, 음부로 되어 있는데 그것을 신약에서는 게헨나로 기록한 것이다. 게헨나는 문자적으로는 예루살렘의 서남쪽에 있는 골짜기로서 쓰레기 소각장, 불이 꺼지지 않는 역겨운 장소를 말한다. 하루 종일 쉬지 않고 쓰레기를 태우는 불과 연기, 심지어 몰렉 신에게 희생제물로 바친 어린아이들의 시체까지 있었다. 그곳의 특징은 불이 항상 타오른다는 점이다.

(3) 그러면 예수께서 이 용어를 사용하실 때 예루살렘의 서남쪽에 있는 쓰레기 소각장을 말한 것인가? 아니다. 주님은 당시 사람들이 가장 잘 이해할 수 있는 용어를 사용하시

되 묵시문학적인 관점에서 말씀하신 것이다. 제자들이 주님이 말씀하신 게헨나라는 말에 대해 질문하지 않은 것으로 보아 저들은 그 말을 잘 이해했던 것으로 보인다. 안타까운 것은 성경 어디에도 지옥에 대한 자세한 설명은 없다. 있다면 마태복음 5장 22절, 29절, 30절, 10장 28절, 18장 9절, 좀 더 세밀하게는 누가복음 16장 19-31절에 나오는 "부자와 나사로의 비유"이다. 문제는 이것을 비유라고 했을 때 그것을 교리화하는 것은 원칙적으로는 잘못이다. 일반적으로 비유는 진리를 설명하기 위한 단순한 예화요 이야기이다. 그러나 부자와 나사로 비유에서는 나사로라는 이름이 나오는 것으로 보아 그는 실제 있었던 인물이요 그 이야기는 실제 사건임을 말해 주기 때문에 예화라고 할 수 있다. 본래 나사로라는 이름은 '하나님께서 도우시는 자'라는 뜻인데 그 비유에서 이름을 쓴 것은 실제 인물이기 때문이다. 따라서 이 비유는 실제로 있었던 예화로서 문자적으로 믿고 교리화해도 무방한 구절이다.

나는 여러 번한두 번이 아님 음성으로 주신 말씀을 여기에 기록한다. "천국과 지옥이 있는데 많은 사람들이 준비를 하지 않고 있다"는 성령의 경고이다. 문제는 목회자들 중에도 그런 이들이 적지 않게 있다. 가장 대표적인 사람이 미국의 복음주의파에 속한 롭 벨 목사이다. 그는 미시간 주에 있는 마스실 바이블 교회의 담임목사로, 지옥은 없다고 하면서 보편적 구원론을 주장한다. 그는 복음주의자로 널리 알려져 있는데 "지옥은 없으며 인간은 다 죽어서 천국으로 간다"고 하였다. 그의 주장은 〈타임〉지에도 실렸는데, 많은 미국 사람들에게 충격을 주고 있다. 그러나 지옥은 누가 무어라 해도, 확실히 있다. 내가 그 환상을 보았고, 중요한 것은 예수님과 성경이 그렇게 말하고 있다. 그러므로 우리는 성령이 교회들에게 하시는 말씀을 들어야 한다. "하나님은 사랑이신데 왜 지옥에 보내겠느냐? 지옥 이야기는 우리에게 선하게 살라고 하는 일종의 교훈적 공갈이다." 이것이 바로 말세에 우리를 유혹하는 사탄의 전술 전략이다. 이것은 합리주의라는 이름으로 하나님의 사랑을 빙자한 유혹이기 때문에 지식인들이나 자유주의자들이 많이 속는다. 보편적 구원론은 사탄의 말이다.

(4) "더 늦기 전에 하나님의 택하신 백성들이 준비하도록 경고하라".

우리에게 중요한 것은 주님의 재림의 때가 가까왔기 때문에 허송세월해서는 안 된다는 점이다. 초대교회에서는 서로 만나면 마라나타Maranatha라고 인사했다. 이 말은 고린도전서 16장 22절에 꼭 한 번 나온다. "주여, 임하소서", 혹은 "주께서 임하신다"라는 뜻이다. 이것은 세 가지 의미가 있다. 첫째, 주님의 재림을 간구하는 기도요, 둘째, 주님의 오심에 대한 고백이요, 셋째, 주님의 임재를 강조하는 뜻이다. 그래서 초대교회 교인들은 이것으로 인사를 대신하기도 하였다.

여기서 나는 외친다. "불신지옥", "예수님은 곧 오신다. 재림을 준비하라". 그렇다. 슬기로운 다섯 처녀처럼 기름을 준비해야 한다. 기도로 준비하고, 성령으로 준비하고, 섬김으로 준비하고, 무엇보다도 전도와 선교로 준비해야 한다. 지금 주님이 오실 모든 것이 이루어졌지만 문제는 복음이 땅 끝까지 전파되지 못한 것이다. 그것은 우리의 잘못이요, 죄이다. 그러므로 예루살렘까지 복음이 전파될 수 있도록 해야 한다. "Back to Jerusalem". 이것은 우리가 '마지막 주자'라는 점을 깨우쳐서 우리 모두가 선교사가 되어야 한다는 말이다. 제1주자는 유대인들이었다. 그들은 로마와 유럽에 복음을 전했다. 제2주자는 영국과 프랑스, 스페인, 포르투갈, 네덜란드였다. 제3주자는 미국이었다. 이제 마지막 제4주자는 한국이다.

요한복음 20장 21절에 보면 우리가 다 선교사임을 분명히 하고 있다. "아버지께서 나를 보내신 것같이 나도 너희를 보내노라". 요한복음 17장 18절에는 선교의 장소를 언급하고 있다. "세상에 보내었고." 우리를 세상에 보낸 선교사로 말씀하고 있다. 그러므로 지금까지 해 온 "가라 아니면 보내라"는 선교 구호는 비성경적이라고 하겠다. 그것이 아니다. 우리는 다 선교사로 보냄을 받은 자들이다. 해외뿐 아니라 국내 어디든, 심지어 직장과 가정 그 무엇이든 다 세상에 속한다. 그러므로 "우리는 다 선교사이다. 가자! 선교의 사명자로서 세상으로 나가자!"

# 천국에 대한 나의 간증

 질문

(1) 여러분은 천국과 지옥이 있다는 것을 믿는가?
(2) 여러분은 천국과 지옥을 보았는가?
(3) 보지 않았다면 그렇게 믿는 근거가 무엇인가?

성경 어디에 천국과 지옥이 있다고 했는가? 솔직히 대부분의 성도들은 목사가 성경을 가지고 그렇게 말하니까 있다고 한다. 목회자도 사람이기 때문에 우리가 직접 확인하고 믿어야 한다.

요한복음 20장에 보면 도마의 이야기가 나오는데, 다른 제자들은 다 예수님의 부활을 믿었지만 그는 믿지 않았다. 다른 제자들과 함께 있지 않았기 때문이다. 25절에서 이렇게 말한다. 내 손으로 만져보고 확인하기 전에는 믿지 않겠다. 여기서 그의 나쁜 별명이 생겼다. '의심 많은 도마'라고. 그러나 도마는 어떤 면에서 현대적이고, 과학적인 제자이다. 주님은 이런 도마를 버리지 않고 보고 만져 보고 "믿음 없는 자가 되지 말고 믿는 자가 되라"고 사랑의 권면을 하셨다. 바라기는 여러분도 나의 간증을 듣고 말씀을 통해 믿는 자들, 확신하는 자들이 다 되기를 바란다. 도마는 부활하신 주님을 본 후에 28절에서 유명한 신앙고백을 한다. "나의 주님이시요 나의 하나님이시니이다". 이것은 베드로가 한 마태복음 16장 16절의 신앙고백보다 더 놀라운 고백이다. 왜냐하면 베드로는 예수님을 그리스도와 하나님의 아들로만 고백했지만 도마는 주, 즉 믿음의 대상이요 하나님으로 고백했기 때문이다. 그 후 그는 인도로 가서 선교를 했고, 마침내 첸나이에서 순교의 제물이 되었다. 내가 선교사로 있었던 뱅갈로에서 5시간 떨어진 첸나이에 가면 그의 순교자로서의 발자취가 분명하게 남아 있다.

이때 주님은 29절에 "너는 나를 본고로 믿느냐 보지 못하고 믿는 자들은 복되도다"고 했다. 그러므로 천국과 지옥을 육신의 눈으로는 보지 못했어도 절대 무오한 하나님의 말씀에 근거하여 영안으로 보고 믿는 여러분이 다 되시기를 축원한다. 더 큰 복이 있기 때문이다.

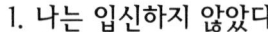 1. 나는 입신하지 않았다

나는 입신한 것이 아니라 환상을 통해서 보았다. 환상은 본래 바울에게행16:9 많이 나타났다. 그러나 내가 본 환상과 바울이 본 환상은 질적 차이가 있다. 바울이 본 환상은 고린도후서 12장 1절에서 말한 대로 "주의 환상과 계시"에서 볼 수 있듯이 계시성을 띤 것이지만 내게 주신 환상은 계시성은 없는, 다만 내게 교훈으로 주신 주관적인 것이다. 그것은 마치 야곱이나 요셉, 그리고 다니엘의 꿈은 계시성을 띤 것이지만 날마다 우리가 꾸는 꿈은 단순히 교훈적인 것과 같은 그런 질적, 근본적 차이다.

입신은 무엇인가? 입신이라는 말은 기독교의 용어가 아닌 무속 용어다. 육체와 영혼이 분리되는 신비한 현상을 입신이라고 말한다. 물론 지금도 무속인들 중에 입신하는 사람들을 보았고, 알고 있다. 그러나 그것은 사탄의 역사이지 결코 성령의 역사가 아니다. 사무엘상 28장에 나오는 신접한 여인의 이야기는 사탄의 역사이다. 사탄의 역사와 성령의 역사는 현상적으로는 비슷하지만 본질적으로 다르다.

물론 기독교인 중 입신한 것으로 알려져 있고 존경의 대상이 되는 사람도 있다. 예를 들면 1893년에 태어나서 1929

년에 세상을 뜬 선다 싱Sundarsingh은 성자로 불리는 신비주의자로 《영계의 묵시》라는 글을 남겼다. 그는 40일 금식을 한 후에 티베트에 가서 선교로 일생을 보냈으며, 입신 중에 스베덴보리《천상의 여행기》의 저자를 만났다고 했다.

또 입신한 사람으로는 한국에서는 고 박용규 목사가 있다. 그는 나와 같은 합동측에 속한 목사였고, 특히 《저 높은 곳을 향하여》라는 책을 썼고 교회사가로도 유명한 분이다. 그는 6편의 동영상을 남겼고, 그것을 많은 사람들이 보았다. 그는 입신 중에 두 천사를 따라 '은하수 건너편에 가서 천국'을 보았다고 했다. 지옥에서 만난 영혼들은 유황 불못과 벌레들과 함께 고통을 당하고 있었다고도 했다. 나는 그를 존중히 여기지만 입신이란 용어는 틀린 것이라고 생각한다. 아마도 그가 일반 성도들이 쉽게 이해할 수 있는 용어를 그냥 사용한 것으로 생각한다.

또한 그는 타원형의 비행기를 타고 가서 천국을 보았다고 했다. 그때 하나님께서 그에게 5가지를 물어 보셨다고 한다. (1) 너는 땅에서 성경을 얼마나 읽었는가? (2) 너는 헌금을 얼마나 했느냐? (3) 너는 땅에서 전도를 얼마나 했느냐? (4) 너는 십일조를 어떻게 했느냐? (5) 너는 기도생활을 얼마나 했느냐?

그러나 주님이 내게 물은 것은 전혀 달랐다. "너는 하나님의 영광을 위해서 무엇을 했느냐?" 그때 나는 내가 한 많은 일들을 나열했지만 주님은 "그것은 다 너의 왕국과 너의 영광을 위해서 한 것이고, 그 결과 너는 이 땅에서 이미 영광을 누렸다"고 책망하셨다. 나는 그 말씀 앞에 거꾸러졌고, 그 후 선교를 위해서 평생을 바치기로 하였다. 그래서 인도에 가서 선교를 하면서 《인도에서 온 편지》라는 책을 썼다.

지금은 순회선교사로 활동하고 있다. 얼마전에는 미얀마에 가서 설교와 강의를 하고 돌아왔다. 새로 건축하고 있는 신학교의 인관일 선교사를 통해 신학교 총장으로 구두口頭로 청빙을 받았기에 기도하고 있다. 가야 할 지는 좀 더 기도하고 응답받는 대로 결정될 것이다.

2. 지옥과 천국에 대한 신학적 이해

먼저 간증에 앞서 서론적으로 지옥과 천국에 대한 신학적 이해가 필요하다.

먼저 지옥에 대한 것부터 말하면, 지옥은 유황불 계 19:20;

20:10과 어둠마 22:13으로 요약할 수 있다. 이것은 고통의 장소라는 뜻이다. 그래서 성경 학자들 사이에는 불과 어둠이 은유인가? 아니면 사실인가? 하는 논쟁을 하고 있다. 그러나 내가 본 것은 사실이다. 하지만 그 불은 세상의 불과는 전혀 다르다. 왜냐하면 불이 있으면서도 어둡고, 게다가 구더기도 죽지 않는 지옥에만 있는 그런 불이기 때문이다.

지옥의 또 다른 고통은 역겨운 냄새다. 사람마다 싫어하는 냄새가 다를 수 있지만 지옥의 냄새는 모든 사람들이 싫어하는 냄새여서 호흡하기가 곤란할 정도이다.

다음은 천국이 무엇인가에 대해 말하겠다. 예수님의 설교의 표어가 무엇인가? 그의 첫 번째 설교는 마태복음 4장 17절에 나오는데, "회개하라 천국이 가까이 왔느니라"는 말씀이다. 삼 년 동안 하신 일도 천국 선포였고마 13장 비유장, 그의 마지막 설교도 천국이었다막 16:15.

(1) 그러면 천국과 하나님의 나라는 다른가? 같은가?

세대주의자들은 천국과 하나님의 나라를 다른 것이라고 말한다. 그러나 그것은 유대인들의 관습을 모른 데서 온 것이다. 그들은 천국이란 이 땅에서의 하나님의 통치이고, 하나님의 나라는 보다 넓은 의미로서 성도들과 천사들을 다

포함하는 나라라고 말한다. 그러나 사실 이 둘은 '같다.' 다만 마태복음은 유대인을 위한 복음서이기 때문에 유대인이 싫어하는 하나님의 이름 대신 하늘이란 간접 표현을 사용한 것이다마 4:17. 그러나 마가복음은 로마인들을 위한 복음서요 누가복음은 헬라인들, 즉 이방인들을 위한 복음서이기 때문에 천국이란 말 대신 직접 표현인 하나님의 나라라는 말을 사용했다. 그래서 마가복음 1장 15절에 "때가 찼고 하나님의 나라가 가까이 왔으니 회개하고 복음을 믿으라"고 했다.

(2) 하나님의 나라는 이미 왔는가? 아직 오지 않았는가? 또 예수 믿으면 바로 구원받는가?요 15:3; 6:47. 아니면 죽은 후에 받는가?

대답은 천국은 이미 왔고Already, 또 앞으로 올 것이다Not Yet. 믿으면 바로 구원받고, 또 미래에 완성되어 받을 것이다. 성경에 보면 믿을 때 구원은 'Already', 즉 이미 왔다고 했다. 에베소서 2장 5절에 "너희는 (이미) 은혜로 구원을 받은 것이라"고 했다. 요한복음 6장 47절에서도 "믿는 자는 영생을 가졌나니"라고 함으로써 이미 구원이 성취되었다고 분명히 말씀하고 있다.

그러나 다른 곳에서는 정반대로 말씀하고 있다. 'Not Yet'. 로마서 13장 11절에 "너희가 이 시기를 알거니와 자다가 깰 때가 벌써 되었으니 이는 이제 우리의 구원이 처음 믿을 때보다 가까웠음이라"고 했고, 디모데전서 6장 12절은 "영생을 취하라"고 했는데 그것은 아직 소유하지 않은 것으로 보고 있기 때문이다. 이것이 바울 신학의 핵심 내용이다. 다시 말하면 구원은 믿는 즉시 임하나Already, 이미 그 완성은 미래에 이루어질 것이라는 뜻이다Not Yet, 아직.

(3) 다음은 천국의 본질에 대해서 말하고자 한다.

천국은 무엇인가?

첫째, 가장 좁은 의미에서는 예수님이 천국이다마 4:19.

둘째, 하나님의 통치하나님께서 왕이 되실 때가 천국이다눅 17:21. 누가복음 22장 29절의 "나라", 즉 제자들에게 주시리라고 한 하나님의 나라는 하나님의 통치권을 말한다. 천년왕국이 바로 약속하신 나라이다. 천년왕국은 세 가지 설, 즉 무천년설, 전천년설, 후천년설이 있으나 그 논쟁은 학자들에게 맡기고 우리는 그것이 문자적이든전천년설 상징적이든무천년설 성경대로 천년왕국이 있다는 것만 확실히 믿으면 된다.

셋째, 완성된 하나님의 나라가 있다. 그것은 하나님의 통치, 천국 백성, 영토로서의 천국, 이 세 가지가 완성되는 곳, 즉 바울이 말한 삼층천"셋째 하늘": 고후 12:2이다. 요한계시록 21장에 나오는 "새 하늘과 새 땅"을 말한 '종말론적으로 임하는 나라'이다. 이것이 내가 본 '궁극적 종말론적 의미'의 천국이다.

여기서 나는 아주 중요한 것을 지난번 《내가 본 지옥과 천국》이라는 글에서 간과한 것을 고백한다. 그것은 요한복음 14장 2-3절에서 주님이 말씀하신 내용이다. "내 아버지 집에 거할 곳이 많도다"는 것과 "나 있는 곳에 너희도 있게 하리라"고 하신 말씀이다. 사실 나는 이 대저택mansion을 보면서도 그것이 뜻하는 바를 미처 깨닫지 못하였다. 그것은 그냥 대저택이 아니라 궁전이라는 말이 더 적합하다. 내가 벨기에서 본 궁전과 비슷하지만 그것은 이해를 위한, 나의 설명을 위한 표현일 뿐 이 세상의 어느것과도 비교할 수 없다는 말이 더 정확한 표현이다.

꽃과 나무들이 주변에 가득한데 놀라운 것은 세상에서 본 것과는 전혀 다르다는 점이었다. 그때에 천사는 내가 거할 곳을 보여 주었다. 구조는 아주 단순하였다. 세상에서처럼 많은 가구가 있는 것은 아니었다. 나는 좀 의아해서 그 이유를 물었다. 천사는 여기서는 세상에서처럼 그렇게 많은 것이 필요하지 않기 때문이라고 설명했다.

사실 세상에서는 우리가 불완전한 존재이기 때문에 필요한 것이 많지만 영체를 가진 존재, 천사와 같은 존재가 되기 때문에 천국에서는 세상에서처럼 그런 것들이 필요 없다는 것이다. 세상보다 더 단순하지만, 그럼에도 불구하고 부족함이 전혀 없는 곳이다. 천국에는 결혼도 없고, 세상에서의 가정과는 다른 형태의 거주지란 점이 특징이었다.

모두가 면류관을 쓰고 있었는데 그 면류관은 생명의 면류관계 2:10이라고도 하고, 의의 면류관딤후 4:8이라고도 부른다. 그것은 성도들이 받는 보상을 뜻하는 것으로 모두가 다 하나님의 은혜라고 하면서 되돌려주고 있었다.

천국에서 가장 중요한 것은 안식의 개념이다. 세상에서처럼 피곤이란 게 없다. 물론 질병이나 아픔도 없다. 천국에서의 안식은 죄에서의 완전한 자유이며 슬픔과 죽음에서의 자유를 의미한다. 천국에서 가장 많은 일은 찬양하는 것인데 모두가 하나님을 찬양하고 삼위일체 하나님께 경배하는 일이 중심이었다.

마치 천사의 생활처럼 이 세상의 삶의 스타일과는 너무도 다른 것이 특징이었다. 날개도 없는데 가고 싶은 곳은 그냥 마음만 먹으면 날아갈 수 있고, 많은 사람들이 서로 만나서 자유롭게 교제하며 대화할 수 있었다. 천국에서의 주식은 호수와 길가에 있는, 절기와 달마다 다르게 열리는 과일과 열매들이지만 천국에서는 영체를 가진 존재들이기 때문에 먹지 않아도 배고프지 않는 것이 특징이었다.

천국의 또 다른 특징은 주님과 함께 보좌에 앉는 영광이다. 그것은 천 년 동안 통치하는 천년왕국의 영광이다. 사실 영광이란 세상에서는 하나님께만 속한 것인데 그것을 천국에서는 우리 성도들에게도 나누어 주는 것이다. 요컨대 천국에서의 생활은 성경에서 결혼식계 19:7과 왕위 즉위식딤후 4:8에 비유하고 있는 것처럼 세상의 그 무엇으로도 비교가 되지 않는 곳이다.

(4) 음부와 지옥, 낙원과 천국은 같은가? 다른가? 다르면 어떻게 다른가?

인간이 죽은 후에는 순서적으로는 임시 처소인 중간상태를 거쳐 천국과 지옥으로 나누어진다. 음부와 낙원은 임시 처소이며 지옥과 천국은 영원한 상태이다. 차이점은 두 가지이다. 음부와 낙원은 영혼만 들어가는 곳이며 지옥과 천국은 영육이 함께 거하는 곳이다. 낙원에서는 상급이 없다. 임시 처소인 '중간상태'는 믿음과 불신으로 나누어지고, 지옥은 죄질에 따라 심판의 정도가 다른 곳이요 천국은 공로에 의해 상급에 따라 분류되는 '영원한 상태'를 의미한다.

낙원은 본래 아담이 거했던 지상낙원인 에덴 동산이 있었으나 아담과 하와가 선악과를 따먹은 후에는 여기서 쫓겨났고창 3:24 그룹들과 불칼로 지키게 했다. 그러나 성도들이 가는 낙원은 아담과 하와가 거했던 지상 낙원이 아니라 천상의 낙원으로서, 천국에 갈 때까지 영혼들이 거하는 임시 처소이다.

낙원과 음부는 어디 있는가? 간단히 말해서 낙원은 천국의 입구에 있고, 음부는 지옥의 입구에 있다. 그러므로 넓은 의미에서는 낙원과 천국은 같은 곳이지만 좁은 의미에서는 서로 다른 곳이다. 음부와 지옥도 넓은 의미로는 같은 곳이지만 좁은 의미에서는 다르다. 장소적으로나 시간적으로 다르기 때문이다.

낙원과 음부의 공통점은 영혼만 들어가는 곳이란 점이요 임시로 거하는 중간상태라는 점이다. 그러나 다른 점이 많다. 낙원에 있는 성도는 산 영혼, 즉 하나님과 교통할 수 있는 완전한 영혼이지만 음부에 있는 영혼은 혼은 완전하지만 영이 죽은 상태 즉 작동하지 않는 영이다. 그래서 하나님과의 교통을 못한다. 그러나 낙원에 있는 성도들의 영혼은 영이 살아 있고 작동하기 때문에 하나님과 계속해서 교통할 수 있다. 그래서 기쁨과 찬송이 항상 넘친다.

여기서 나는 인간의 본질에 대해서 좀 설명을 해야 할 것 같다. 인간은 육체와 영혼의 두 가지로 되어 있다. 그러나 이 영혼은 크게 두 가지 작용을 한다. 영적 작용과 혼적 작용이다. 영적 작용이란 하나님과 교통하는 일을 하고, 혼적 작용이란 인간이 가진 이성이나 감성을 포함한 인간만이 가진 것을 말한다. 그런데 불신자들은 영적으로는 죽은 자들, 즉 혼은 있으나 영적 작용이 중지된 사람들이다. 그래서 하나님과 교통할 수가 없다. 우리가 누가복음의 부자와 나사로 이야기에서 볼 수 있듯이 부자는 음부에 있을 때 자기의 형제들을 생생하게 기억하였다. 다시 말해서 혼적 작용은 그대로 남아 있어서 아무런 어려움이 없었다.

그러나 낙원과 음부의 기억에는 차이가 크다. 음부에서는 자기의 태어난 날을 저주하고, 자기를 낳은 부모를 원망하고 불평하며 세상에서의 모든 것을 부정적으로만 기억한다. "이를 간다"는 말은 불평과 원망의 극단적 상태를 표현한 것이다. 반대로 성도들도 이 세상에서의 모든 것을 기억하지만 그러나 자기가 태어난 것을 감사하고, 부모에게 감사하고, 비록 세상에서 고생과 역경이 있었지만 그것을 다 감사하고 하나님께 영광 돌리는 것이 다르다. 그래서 만나는 사람들마다 서로 '할렐루야'로 인사하고 감사하고 함께 기뻐하는 것이다.

음부에 있는 영혼들은 악령을 통해, 혹은 무당을 통해 산 자들과 영혼의 교통이 있으나 그것은 단순히 산 자들을 유혹하는 사탄의 수단일 뿐 진정한 교통은 이루어지지 않는다. 반대로 낙원에 있는 성도들의 영혼은 꿈을 통해 때로는 위로의 수단으로 교통하는 경우가 간혹 있다.

낙원과 음부에서 사용하는 언어는 자기의 모국어를 주로 사용하지만 낙원에서는 서로 다른 언어도 서로 통하고 대화가 되지만, 음부에서는 같은 언어도 통하지 않는 곳, 말하자면 완전히 단절된 상태이다.

내 책을 읽은 사람들은 낙원과 음부에서의 반응이 전혀 다를 것이다. 낙원에 있는 성도들은 내가 쓴 책은 마치 목사가 성경을 읽고 설교한 것처럼 그저 설명과 해석을 하려고만 했지 낙원과 천국의 진짜 아름다움과 기쁨을 표현한 것이 너무도 부족한 것에 놀라게 될 것이다. 반대로 음부와 지옥에 떨어진 사람들은 내가 음부와 지옥에서 표현한 고통과 절망이 서론도 안 된다는 사실에 놀랄 것이다.

그러면 천국에는 언제 가는가? 낙원에서 잠깐 머물다가

주님이 재림할 때 육체가 부활해서 간다. 그러면 많은 분들이 구약의 성도들은 몇천 년, 신약의 성도들은 많게는 이천 년 이상 머무르는데 너무 길지 않느냐고 물을지 모르겠다. 나도 그것이 궁금했다. 천사장은 내게 시편 90편 4절을 주셨다. "주의 목전에는 천 년이 지나간 어제 같으며 밤의 한 순간 같을 뿐임이니이다". 그렇다. 인간의 시간 개념으로는 낙원에서의 시간이 너무도 긴 시간을 기다리는 것이다. 그러나 낙원에서는 너무도 행복하고 기쁘기 때문에 그것이 몇천 년이라고 해도 그것은 마치 우리가 차 한 잔 마시는 정도의 시간 밖에 안 된다. 그러므로 우리의 시간 개념으로 이해해서는 안 된다.

(5) 결론적으로 천국은 성도들이 일차적으로 추구해야 할 궁극적 목적지이다마 6:33. 그러나 우리는 "나의 나라"My Kingdom, "나의 통치"My Ruling를 추구하고 있다. 우리는 오늘 이 시간에 이것을 회개해야 한다. 내가 주님께 책망받은 것은 일을 적게 해서가 아니고 공로가 적어서가 아니라 My Kingdom, 즉 나의 왕국을 건설하려고 한 점이었다.

(6) 빈야드 운동에 대하여

나는 빈야드가 기독교에 신선한 충격을 준 것에 대해서 인정하지만 그것이 끼친 잘못된 신학적 영향에 대해서는 비판적이다. 빈야드 운동은 우리가 잘 아는 대로 LA 애나하임에 있는 존 윔버의 빈야드 교회에서Vineyard Christian Fellowship 1978년에 일어난 운동이다. 그의 운동은 소위 토론토 블레싱Toronto Blessing으로 번졌고, 그는 와그너가 말한 제3의 물결운동The Third Wave을 일으킨 장본인이다.

그러면 윔버의 핵심은 무엇인가? 하나님 나라의 임재를 강조하였다. 찬양, 말씀, 기도치유 강조, 전도, 구제예산의 60퍼센트를 강조했다. 그는 예수님의 복음 사역을 '문자적으로' 따라갔다. 이것이 중요하다. 성경을 참고서로 보지 않고 지금 이 시대에 우리에게 주신 말씀으로 보았다. 그래서 능력 전도를 강조했는데 그중에서도 신유, 축사귀신을 쫓아내는 일, 거룩한 웃음, 떨림진동, 비몽사몽황홀경, 쓰러짐, 방언, 예언 같은 것이 특징이다.

한국에는 '열린 예배'라는 이름으로 많이 소개되었고, 하용조 목사의 '경배와 찬양'에 영향을 주었다. 그러나 하용조 목사는 빈야드 운동을 그대로 따른 것이 아니라, 한국의 신학과 문화와 감성이란 필터에 걸러서 접목하였다. 그것은 한국 교회 특히 청년층에 신선한 충격을 주었고, 열린 예배가 유행하게 되었다. 솔직히 나도 열린 예배를 강조했으나 미국 문화와 무속적 면을 제거하여 수용한 것이다.

3. 신접이란 사탄적인 것이다

레위기 20장 27절에서는 "남자나 여자가 신접하거나 박수무당이 되거든 반드시 죽일지니 곧 돌로 그를 치라 그들의 피가 자기들에게로 돌아가리라"고 했고, 신명기 18장 11절에도 비슷한 말을 했다. 사람들은 바울이 말한 삼층천, 낙원에 성경적 근거를 두지만 그것은 잘못된 것이다. 고린도후서 12장 2-6절에 보면 "내가 그리스도 안에 있는 한 사람을 아노니 그는 십사 년 전에 셋째 하늘에 이끌려 간 자라"고 했다. 왜 바울은 간접적으로 표현했을까? 3절 이하를 보면 환상 중에 천국을 본 것임을 알 수 있다. 그것은 절대로 입신이 아니라 환상 중에 본 것이다. 바울은 자신을 제삼자로 겸손하게 표현하였다.

그러므로 나의 환상을 통한 체험은 보편화할 것이 절대로 아니며 한 개인의 주관적 영적 체험이다. 바울처럼 성령의 계시가 아니기 때문이다. 내 영혼이 천국과 지옥에 갔다 온 것이 결코 아니다. 그냥 환상으로만 보았다. 나는 가사 상태에서 갔다 온 것도 아니다. 영혼이 몸 밖으로 빠져나간 것도 아니다. 구태여 말한다면 비몽사몽간에 보았다. 그러므로 나의 간증을 통해 천국과 지옥이 있다는 것을 확신만 할 뿐 그 이상으로 생각하지 않기를 바란다. 왜냐하면 나는 내가 본 것도 정확하게 표현하지 못하는 못난 사람이기 때문이다.

지금 한국과 외국에서 천국과 지옥을 갔다 왔다는 사람들이 너무 많고, 책과 간증이 판을 치고 있어서 사실은 이 간증을 하고 싶지 않았다. 같은 부류로 여겨질까 두렵다. 가장 유명한 것이 안젤리카의 23시간이라는 내용이고, 국내에서는 구순연 전도사이다. 그러나 내가 이렇게 간증하는 것은 잘못된 오해를 풀어주기 위해서이다. 가장 중요한 것은 성경을 통해서 천국과 지옥이 있다는 것을 믿으면 그것으로 족하다. 주님은 말씀하셨다. "너는 나부활하신 주를 본고로 믿느냐 보지 못하고 믿는 자들은 복 되도다" 요 20:29.

그렇다고 체험이 불필요하다는 것은 절대로 아니다. 체험은 절대적으로 필요하다. 왜냐하면 우리에게 확신을 주기 때문이다. 그러나 체험을 성경과 동일시하는 것은 위험하다.

성경은 절대적인 말씀이지만 체험은 아니다. 체험은 확신은 주지만 교만하기 쉽고, 체험 없는 사람들을 깔보기 쉽다. 자신을 표준화하기 쉽다. 그러나 그렇게 교만해진다면 차라리 체험이 없는 편이 좋다. 왜냐하면 교만이 가장 무서운 죄이기 때문이다. 따라서 나의 책이나 간증은 죽은 정통을 경고하고, 또 반대로 체험주의자들도 경고하기 위해서이다. 어느 한편에 서는 것은 위험하다.

4. 지금은 어떤 때인가?

한국 교회는 지금 영적 빈혈에 걸려 있다. 침체와 아사 상태에 있다. 지금은 정말 새로운 활력소가 필요한 때이다. 이대로는 한국 교회도 유럽이나 미국 교회처럼 죽어갈 것이다.

우리가 잘 아는 대로 제1의 물결은 오순절 사건, 제2의 물결은 은사주의, 즉 카리스마 운동이다. 이제 소위 제3의 물결이 일어나고 있다. 성령의 충만을 통한 성령의 능력을 강조하는 운동이다. 어떤 면에서 이런 것이 필요한 때가 되었다. 지금이 바로 그런 때이다.

그러나 문제는 여기저기서 사탄적 운동의 영향을 받고 있다는 것을 직시해야 한다. 전통적 교리는 은사중단론, 계시의 종료성 신학이다. 이 신학은 이단을 방지하는 역할은 했지만 한국 교회에서 활력소를 상실하게 했다. 왜냐하면 은사의 일부는 지금도 계속되고 있고, 계시는 종료되었지만 성령의 조명은 더 강하게 일어난다. 지금도 수많은 기적이 일어나고 있다. 치유의 역사도 선교지에서는 강하게 일어나고 있다.

물론 어떤 사람들이 말하는 직통계시란 없다. 그들은 "성령께서 말씀하신다"는 말, 특히 요한계시록 2-3장에 "귀 있는 자는 성령이 교회들에게 하시는 말씀을 들을지어다"를 현재적으로 해석함으로써 직통계시를 말하는데 그것은 기독교가 아닌 기독교의 허울을 쓴 이단이요 무속종교이다. 때로는 레마라는 이름으로 직통계시를 말하는데 로고스와 레마는 번갈아 쓰고 있는 용어이다.

나의 은사인 웨스트민스터 신학교의 개핀 교수는 "계시는 단회적이다"라고 했다. 즉 초대교회적 현상이라는 뜻이다. 그러나 중요한 것은 지금도 계시성이 아닌 성령의 은사와 성령의 능력은 쉬지 않고 계속해서 일어나고 있다. 따라서 성령의 역사와 능력을 가두어두는 신학은 죽은 신학, 죽은 정통이 될 위험성이 많고, 교회를 빈혈에 걸리게 하고 있다. 그렇다고 와그너의 열린 신학 혹은 신사도운동을 주장하는 것은 이단적 발상이라고 생각한다.

우리는 1940-1950년에 일어난 늦은 비 운동, 흔히 말하는 근대 오순절주의에 주목할 필요가 있다. 소위 '세계추수선교회'는 위험성이 많지만 분명한 것은 "지금 이대로는 안 된다"는 점이다. 종교개혁주의자들이 놓은 틀 위에 개혁주의적 입장에서 성령의 능력운동이 일어나 주님의 재림을 준비하는 운동이 되어야 한다. 그래야 한국 교회도 살고, 한국 교회의 순교적 전통과 접목된 성령의 운동을 통해 재림을 준비하는 성령의 추수운동이 될 것이다. 그것은 기도운동에서 시작되어야 하고, 말씀의 연구에 뿌리를 두어야 한다. 간증이 중심이 되면 뿌리 없는 나무처럼 교회는 시들어 죽는다. 그런 점에서 나의 간증을 통해 지옥과 천국에 대한 확신만 가지면 된다. 그러나 그렇다고 신사도주의에 빠져서도 안 된다.

신학교에서 이단에 대한 공부를 한다. 무엇 때문인가? 이단처럼 되라고 배우는 것이 아니라 그렇게 되지 말라는, 말하자면 반면교사로 활용하기 위해서이다. 왜 이단들이 무성하는지를 알아야 한다. 그들은 열심이 있다. 많이 연구하고, 자신을 희생하고, 많은 시간을 투자한다. 기성교회의 잘못된 점을 훤히 알고 있다. 그들은 그것을 자신들의 성장을 위해서 이용하고 있다. 그러므로 우리는 우리의 부끄러운 치부를 자세히 보고 어서 회개해야 한다. 이단이 추구하는 프로그램을 보면 우리의 부족한 면을 볼 수 있다. 이제 주님의 발자국 소리를 듣고, 어서 깨어 일어나야 한다. 그리고는 마지막 주자의 사명을 감당해야 한다.

5. 맺음말

요한복음 20장 19-23절은 부활하신 주님이 안식 후 첫날 밤 늦게 다락방에 있는 열 명의 제자들가룟 유다는 죽었고, 도마는 없었음에게 나타나셔서 주신 마지막 사명이다. 이 말씀은 크게 네 가지이다.

(1) "너희에게 평강이 있을지어다"21절. 부활 후 주님은 승천하시기까지 열 번 나타나셨다부활의 동산에서 막달라 마리아에게-요 20:11-18, 무덤에서 돌아가는 여자들에게-마 28:5-15, 막 16:2-8, 눅 24:1-11, 엠마오 도상에서 두 제자들에게-막 16:12-13, 눅 24:13-35, 예루살렘에서 베드로에게-눅 24:34, 고전 15:5, 다락방에서 열 제자들에게-눅 24:36-43, 요 20:19-23, 다락방에서 열한 제자들에게-요 20:24-29, 디베랴 바다에서 일곱 제

자들에게-요 21:1-25, 다볼산에서 열한 제자들과 500여 성도들에게-마 28:16-20, 고전 15:6, 예루살렘에서 열한 제자들과 예수님의 형제인 야고보에게-막 16:14-18, 눅 24:44-49, 고전 15:7, 감람산에서 열한 제자들에게-눅 24:50-53.

본문의 이 구절은 다섯 번째의 나타나심에서 하신 말씀이다. 물론 이것은 유대인들의 인사법이다. 그러나 당시의 제자들에게 이 말씀은 인사 이상의 의미가 있다. 왜냐하면 제자들은 그때 두려움과 의심 속에 있었기 때문이다19절. 지금 우리는 두려움과 의심의 병을 해결해야 한다. 첫째는 세상권력과 문화에 대한 두려움이고 둘째는 정말 주님이 부활했는가에 대한 의심의 병이다. 이 두려움과 의심의 병을 고쳐 주기 위해 주님은 손과 옆구리를 보여 주셨다. 두려움과 의심, 이 두 가지는 사탄이 우리에게 뿌린 영적 암이다. 그러므로 우리는 주님이 주시는 하늘의 평강을 가져야 이 두 가지의 병을 치유할 수 있다. 참 평강은 우리 혼자 있는 것이 아니라 우리가 지금 주님과 함께 있다는 것을 영적 눈으로 보아야임마누엘 신앙 두려움이 사라진다. 다음은 영적 눈을 떠서 부활하신 주님을 보아야 한다. 새벽에는 막달라 마리아에게 나를 만지지 말라 하셨는데 저녁에는 만져 보라고 하셨던 것을 기억하는가. 그 이유가 무엇인가? 성경학자들은 그날 오후에 주님은 승천하여 자신의 피를 아버지께 드려서 하늘

장막의 속죄소에 뿌리게 했다고 해석한다.

다시 말해 우리의 죄의 빚은 이제 공식적으로 청산되었다는 뜻이다. 예수께서 그의 살과 뼈를 보여 주신 또 다른 이유는 우리의 부활 때 우리도 주님처럼 육체적 부활을 할 것을 보여 주신 것이다. 그래서 요한은 요한일서 3장 2절에서 "그가 나타나시면 우리가 그와 같을 줄을 아는 것은 그의 참모습 그대로 볼 것이기 때문이니"라고 기록하고 있다. 우리의 영적 귀가 열려 주님의 음성을 들어야 두려움과 의심이 사라지며 하늘의 평강이 온다. 그것이 바로 마음의 천국이다. 마음의 천국은 우리의 모든 죄가 다 청소된 것을 깨달을 때 온다.

(2) "아버지께서 나를 보내신 것같이 나도 너희를 보내노라"21절. and I(강조형) send you(복수형). 다시 말해서 제1의 선교사인 주님이 직접 우리를 세상의 선교사로 보냈다는 성령의 음성을 듣고 믿어야 한다. 여기서 보낸다는 말은 선교사로 보낸다는 뜻이요 현재형으로 된 것은 영원한 진리를 의미한다.

(3) "숨을 내쉬며 이르시되 성령을 받으라"22절. 여기서 숨

을 내쉬었다는 말은 충만하게 성령을 주시는 보디랭귀지 body language이다. 그 역사적 성취가 50일이 되는 오순절 때 이루어졌다. 중요한 것은 선교는 절대로 우리의 힘으로 되는 것이 아니라 성령의 충만을 받아야 된다는 사실이다. 선교는 성령의 운동이다.

그러므로 우리는 성령께 대한 3대 죄악을 범하지 말아야 한다. 첫째는 성령 훼방죄 혹은 모독죄막 3:29, 둘째는 성령을 근심케 하는 죄엡 4:30, 셋째는 성령 소멸죄살전 5:19이다. 중요한 것은 성령의 충만엡 5:18은 일회적인 것이 아니라 계속적현재형이라는 점이다.

본문에서 가르쳐 주는 중요한 교훈은 선교 방법은 바로 성령께서 인도하는 대로 하라는 사실이다. 지금 선교를 망치고 있는 것은 선교학 박사들이다. 너무 이론에 치우치기 때문이다. 선교는 결코 이론이 아니라 성령과 함께 성령 안에서 그의 도구로 쓰여질 때 일어난다.

(4) "너희가 누구의 죄든지 사하면 사하여질 것이요 누구의 죄든지 그대로 두면 그대로 있으리라 하시니라"23절. 이 말씀은 오해하기 쉬운 구절이다. 그러나 분명한 것은 제자들은 죄를 사할 수 있는 권한은 없고 오직 하나님만 사죄권이 있다.

그러면 본문의 뜻은 무엇인가? 그것은 주님의 보혈로 말미암아 믿음을 통해 그리스도를 영접하면 용서받게 된다는 뜻이다. 마태복음 16장 19절과 18장 18절에도 비슷한 구절이 나오는데 이 구절들은 많은 논쟁을 일으켰다. 그러므로 우리도 조심하지 않으면 이단에 빠질 수 있다. 사실 "열쇠"란 우리에게 천국의 열쇠를 주었다든지 사죄권이 있다는 뜻이 아니라 죄의 용서를 '선포하는 권위'를 뜻하는 말이다. 솔직히 우리는 어떤 권위도 없다. 그러나 말씀에 권위가 있고, 말씀을 주신 주님이 권위가 있기 때문에 원님 덕에 나팔 부는 격이다.

다시 말해서 용서는 제자들이 주는 것이 아니라 믿음을 통해 하나님이 주시는 것이다. 베드로나 사도들, 그리고 우리는 단순히 하나님의 도구로 쓰일 뿐 우리에게 천국 열쇠가 주어지는 것이 결코 아니다. 하나님께서 주님을 통해 믿는 자들에게 주시는 것이다.

본문은 우리가 다 하나님의 복음의 나팔이란 사실을 강조한다. 용서는 하나님이 하시지만 예수를 믿음으로 말미암아 주어지기 때문에 우리의 복음 선포는 그 중요성을 아무리 강조해도 오히려 부족하다. 지금 우리가 선교하지 않음으로 주님의 재림이 지연되고 있다는 사실을 보고, 또 깨달아야 한다. 모든 영광을 주님께 드리오니 오직 예수만 영광을 받으소서. 아멘.

끝으로 내가 좋아하는 복음송을 함께 부르고 싶다. 제목은 〈사나 죽으나 주님의 것〉이다.

(1) "이제 내가 살아도 주 위해 살고, 이제 내가 죽어도 주 위해 죽네. 하늘 영광 보여 주며 날 오라 하네. 할렐루야 찬송하며 주께 갑니다."
(2) "이제 내가 떠나도 저 천국 가고 이제 내가 있어도 주 위해 있네. 우리 예수 찬송하며 나는 가겠네. 천군천사 나팔 불며 마중 나오네."
(후렴) "그러므로 나는 사나 죽으나 주님의 것이요, 사나 죽으나, 사나 죽으나 날 위해 피 흘리신 내 주님의 것이요."

| 개정 증보판 |

내가 본 지옥과 천국

초판 1쇄 발생 | 2009년 4월 20일
초판 60쇄 발생 | 2012년 4월 10일
개정 증보판 1쇄 발행 | 2012년 6월 15일
개정 증보판 31쇄 발행 | 2025년 5월 12일

지은이 | 신성종
발행인 | 임만호
펴낸곳 | 도서출판 크리스챤서적
주 소 | 서울특별시 강남구 압구정로 404, 2층(청담동)(우:06014)
전 화 | 02)544-3468~9
F A X | 02)511-3920
e-mail | holybooks@naver.com
등 록 | 제10-22호(1979. 9. 13)

정가 10,000원
Printed in Korea
ISBN 978-89-478-0289-5 03230

이 출판물은 저작권법에 의해 보호를 받는 저작물이므로 무단 전재와
무단 복제를 할 수 없습니다.

※ 잘못된 책은 바꾸어 드립니다.